CELE ȘAPTE BISERICI

„În ziua Domnului eram în Duhul. Şi am auzit înapoia mea un glas puternic, ca sunetul unei trâmbiţe, care zicea: «Eu sunt Alfa şi Omega, Cel dintâi şi Cel de pe urmă. Ce vezi, scrie într-o carte, şi trimite-o celor şapte Biserici: la Efes, Smirna, Pergam, Tiatira, Sardes, Filadelfia şi Laodicea.» M-am uitat sa văd glasul care-mi vorbea. Şi când m-am întors, am văzut şapte sfeşnice de aur. Şi în mijlocul celor şapte sfeşnice pe cineva, care semăna cu Fiul omului, îmbrăcat cu o haină lungă până la picioare, şi încins la piept cu un brâu de aur.”
(Apocalipsa 1:10-13)

Dr. Jaerock Lee

CELE ȘAPTE BISERICI

CELE ŞAPTE BISERICI de Dr. Jaerock Lee
Carte publicată de Urim Books (Reprezentant: Johnny. H. Kim)
235-3, Guro-dong3, Guro-gu, Seul, Coreea
www.urimbooks.com

Toate drepturile rezervate. Această carte nu poate fi reprodusă sub nicio formă, păstrată într un sistem de regăsire a informațiilor sau transmisă în vreo formă, fie electronică, mecanică, prin fotocopiere sau prin înregistrare fără acceptul prealabil, în scris, al editurii.

Citatele bilice au fost extrase din versiunea Dumitru Cornilescu.

Drepturi de autor @ 2009 Dr. Jaerock Lee
ISBN: 979-11-263-1384-6 03230
Drepturi de autor pentru traducere @ 2009 Dr. Esther K. Chung.
Material folosit cu permisiune.

Carte publicată inițial în limba coreeană de către Urim Books în 2007

Prima ediție publicată în 2009

Editor: Dr. Geumsun Vin
Designul executat de către Biroul Editorial al Urim Books
Pentru informații suplimentare, vă rugăm să ne contactați la: urimbook@hotmail.com

Prefață

Îi mulțumesc și Îl slăvesc pe Dumnezeu Tatăl pentru că ne-a îngăduit să publicăm această carte intitulată Cele șapte Biserici. Ea conține dragostea lui Dumnezeu și misterul zilelor de pe urmă.

Timp de șapte ani am suferit de foarte multe boli și nu se întrezărea nicio soluție. Dar, prin harul lui Dumnezeu, am fost vindecat de toate bolile mele și am început să duc o viață de creștin. La acea vreme, aveam un vis. Pentru a răscumpăra harul lui Dumnezeu, îmi doream să devin un prezbiter de excepție într-o biserică care îi ajuta pe cei săraci și pe cei defavorizați, și făcea lucrări de misionariat. Dar, Dumnezeu m-a chemat să fiu pastor și să predic Evanghelia tuturor națiunilor.

De când am deschis biserica, în 1982, am urmat exemplul bisericilor primare care au fost înființate de apostoli după învierea și înălțarea la Cer a Domnului. M-am concentrat pe rugăciuni și evanghelizare. Ca rezultat, sunt mai bine de 100.000 de membri și 8.000 de biserici afiliate în toată lumea, biserici care sunt una cu biserica noastră și predică Evanghelia până la marginile pământului.

Mulți dintre ucenicii și credincioșii din vremea bisericilor primare au văzut semne și minuni nemaipomenite, precum și învierea și înălțarea la Cer a Domnului Isus. Au fost plini de har, de adevăr și de Duh, și au ajuns să aibă credință mare. Au devenit piatra de căpătâi a misiunii mondiale în pofida încercărilor grele prin care au trecut. În cele din urmă, creștinismul a devenit religia Imperiului Roman. Evanghelia care a început în Israel s-a răspândit în toată lumea și se întoarce din nou în Israel.

Azi, chiar și în rândul credincioșilor, sunt mulți care și-au pierdut dragostea dintâi. Creșterea lor spirituală a încetat și au ajuns să aibă o credință căldicică. Alții nu cred pe deplin în Dumnezeul Atotputernic. Nu Îl recunosc pe Isus ca fiind Christosul și nici nu cred în lucrările Duhului Sfânt. Pe zi ce trece, tot mai multe biserici ajung să nu se mai adune laolaltă și fac compromisuri cu lumea.

Apostolul Ioan a predicat Evanghelia fără să se îngrijoreze de viața-i proprie chiar dacă a fost persecutat drastic de către Imperiul Roman. A fost exilat pe insula Patmos și acolo a primit revelații din partea Domnului.

Scrie dar lucrurile, pe care le-ai văzut, lucrurile care sunt și cele care au să fie după ele. Taina celor șapte stele, pe care le-ai văzut în mâna dreaptă a Mea și a celor șapte sfeșnice de aur: cele șapte stele sunt îngerii celor șapte Biserici; și cele șapte sfeșnice, sunt șapte Biserici. (Apocalipsa 1:19-20)

În Biblie, numărul șapte reprezintă perfecțiunea. Prin urmare, aceste șapte biserici nu se referă doar la bisericile din Efes, Smirna, Pergam, Tiatira, Sardes, Filadelfia și Laodicea. Ele se referă la toate bisericile înființate în vremea Duhului Sfânt.

Scrisoarea Domnului către cele șapte biserici din cartea Apocalipsa este adresată tuturor bisericilor care au existat de atunci încoace. Este un îndrumător pentru ei și un rezumat al mesajului lui Dumnezeu atât din Vechiul cât și din Noul Testament.

De asemenea, conține aspecte foarte importante fără de care bisericile nu pot fi plăcute Domnului. Sunt încredințat că această lucrare va aduce din nou la viață multe biserici.

Îi mulțumesc d-nei Geumsun Vin, directoarea Biroului Editorial al Bisericii Centrale Manmin și tuturor celor care au făcut posibilă această publicație. Mă rog în numele Domnului ca toți cititorii să tânjească după a doua venire a Domnului și să se pregătească ca miresele Lui.

Jaerock Lee

Contextul celor Șapte Biserici

Insula Patmos se află în apele cristaline și albastre ale Mării Egee. Albastrul mării și casele albe de pe țărm creează o priveliște minunată. Acesta este locul în care apostolul Ioan a fost exilat și a primit revelațiile privitoare la zilele de pe urmă care includ mesajele către cele șapte biserici.

Apostolul Ioan, unul din cei doisprezece ucenici ai lui Isus, a predicat Evanghelia în locuri ca Pergam și Smirna. După ce împăratul Domițian l-a arestat și l-a condamnat la moarte, a fost aruncat într-o căldare cu ulei în clocot, dar nu a murit deoarece Dumnezeu era cu el. Prin voia lui Dumnezeu, a fost exilat pe insula Patmos.

La acea vreme, insula Patmos era un loc de exil, de regulă pentru delincvenții politici. Era un loc izolat și liniștit, foarte bun pentru a petrece timp în rugăciune și a avea o comunicare profundă cu Dumnezeu. Într-o peșteră dintr-un colț al insulei, Ioan a petrecut mult timp în rugăciune și a primit revelații din partea lui Dumnezeu pe care le-a consemnat.

Pentru a primi o astfel de revelație, o persoană trebuie să primească lumină spirituală prin inspirația Duhului Sfânt și prin călăuzirea îngerilor. Dumnezeu l-a pregătit de Ioan în prealabil ca să poată deveni un om al duhului desăvârșit, adică un om sfințit pe deplin prin adevăr. Cu vreme în urmă, Ioan fusese numit „fiul tunetului" dar, prin șlefuirea lui Dumnezeu, a fost schimbat complet și a primit numele de „apostolul dragostei". S-a rugat atât de mult încât pielea de pe frunte i s-a îngroșat asemenea unei bătături.

Mesajele către cele șapte biserici sunt sub formă de scrisori. Ele conțin niște lecții foarte importante pentru bisericile și credincioșii de azi. De asemenea, ne ajută să înțelegem cum arată biserica ideală, care poate fi lăudată de Dumnezeu. Bisericile din Efes, Smirna, Pergam, Tiatira, Sardes, Filadelfia și Laodicea reprezintă toate bisericile din lumea întreagă.

Lecțiile date celor șapte biserici nu sunt doar pentru cei din vremea respectivă. Ele reprezintă mesajul arzător al Domnului care dorește să trezească la viață toate bisericile care au existat de-a lungul timpului. Chiar dacă mărturisesc că Îl iubesc mult pe Domnul, multe biserici ar trebui să privească retrospectiv să vadă dacă nu cumva umblă pe calea care atrage mustrarea și dezaprobarea Domnului.

În cadrul celor mai multor jocuri, sunt competiții individuale sau pe echipe. La fel stau lucrurile și cu credința. În Ziua Judecății, Dumnezeu va judeca nu doar pe fiecare individ în parte, ci și fiecare biserică. În acel moment, în funcție de raportul de evaluare pe care-l primește fiecare biserică se vor primi fie răsplăți, fie opusul.

De asemenea, pastorul, capul bisericii, va fi judecat nu doar pentru credinţa sa personală dar şi pentru credinţa pe care a avut ca şi păstor. Va fi judecat aspru potrivit modului în care a îndrumat biserica şi turma care i s-a încredinţat în numele Domnului. Ca şi capi ai bisericii înfiinţate în numele lui Isus Christos, pastorii trebuie să facă voia Domnului în privinţa direcţiei în care călăuzesc biserica şi turma. Altfel, va fi greu să îndure judecata.

Iacov 3:1 spune: „Fraţii mei, să nu fiţi mulţi învăţători, căci ştiţi că vom primi o judecată mai aspră." Dimpotrivă, dacă pastorul îşi duce turma la păşuni verzi şi la ape de odihnă, şi o călăuzeşte spre locaşuri frumoase în Împărăţia Cerurilor, va primi o răsplată şi o cinste fără egal.

De aceea, mesajele către cele şapte biserici constituie dorinţa arzătoare a Domnului pentru toţi slujitorii şi credincioşii din toate bisericile din lume. Bisericile trebuie să fie credincioase pentru ca astfel şi copiii lui Dumnezeu să fie găsiţi credincioşi.

Acesta este motivul pentru care Domnul a făcut cunoscută bisericilor și slujitorilor dorința arzătoare a inimii Sale.

„Cine are urechi, să asculte ce zice Bisericilor Duhul."

Cuprins

Prefață

Contextul celor Șapte Biserici

Capitolul 1 Biserica din Efes
Mustrată pentru că și-a părăsit dragostea dintâi

Capitolul 2 Biserica din Smirna
Biruință în încercările credinței

Capitolul 3 Biserica din Pergam
Căldicică și întinată de învățături străine

Capitolul 4 Biserica din Tiatira
Compromisul cu lumea și mâncatul din lucrurile jertfite idolilor

Capitolul 5 Biserica din Sardes:
O biserică mică căreia i-a mers numele că trăia dar era moartă

Capitolul 6 Biserica din Filadelfia:
A primit doar cuvinte de laudă pentru faptele sale de credință

Capitolul 7 Biserica din Laodicea:
O biserică mare care nu era nici rece, nici în clocot

Concluzie
Dragostea lui Dumnezeu descoperită în mesajele către cele şapte biserici

CAPITOLUL 1

BISERICA DIN EFES
- Mustrată pentru că şi-a părăsit dragostea dintâi

Idolatria era acceptată şi practicată pe scară largă în Efes. Domnul i-a lăudat pe credincioşii din Efes pentru perseverenţa lor, pentru faptul că nu tolerau oamenii răi, pentru că puneau la încercare pe cei care îşi ziceau apostoli şi nu erau, ci se dovedeau a fi mincinoşi. I-a lăudat pentru că au răbdat din pricina numelui Domnului şi pentru că nu au obosit pe cale. Cu toate acestea, Domnul i-a mustrat pentru că îşi părăsiseră dragostea dintâi şi i-a îndemnat să se pocăiască şi să se întoarcă la faptele şi lucrările pe care le făcuseră la început.

Azi, sunt biserici care încep cu fervoare şi rugăciuni fierbinţi şi pasionate. Dar, pe măsură ce se dezvoltă, devin din ce în ce mai arogante, iar pasiunea şi dragostea lor se răcesc. Mesajul către biserica din Efes este adresat unor astfel de biserici.

Apocalipsa 2:1-7

Îngerului Bisericii din Efes scrie-i: „Iată ce zice Cel ce ține cele șapte stele în mâna dreaptă și Cel ce umblă prin mijlocul celor șapte sfeșnice de aur: «Știu faptele tale, osteneala ta și răbdarea ta și că nu poți suferi pe cei răi, că ai pus la încercare pe cei ce zic că sunt apostoli și nu sunt și i-ai găsit mincinoși. Știu că ai răbdare, că ai suferit din pricina Numelui Meu și că n ai obosit.

Dar ce am împotriva ta este că ți-ai părăsit dragostea dintâi. Adu-ți dar aminte de unde ai căzut, pocăiește-te și întoarce-te la faptele tale dintâi. Altfel, voi veni la tine și-ți voi lua sfeșnicul din locul lui, dacă nu te pocăiești.

Ai însă lucrul acesta bun: că urăști faptele nicolaiților, pe care și Eu le urăsc. Cine are urechi, să asculte ce zice Bisericilor Duhul: Celui ce va birui îi voi da să mănânce din pomul vieții, care este în raiul lui Dumnezeu.»"

Scrisoarea Domnului către Biserica din Efes

Îngerului Bisericii din Efes scrie-i: „Iată ce zice Cel ce ține cele șapte stele în mâna dreaptă, și Cel ce umblă prin mijlocul celor șapte sfeșnice de aur" (Apocalipsa 2:1-7).

În luna mai a fiecărui an, Efesul găzduia un festival pentru Artemis, zeița prosperității. Orașul este așezat pe coasta de vest a Turciei de azi. Avea multe clădiri pentru vânzătorii și oamenii care veneau din Siria, India, Arabia și Egipt. Era un oraș foarte prosper și era considerat cel mai mare centru comercial din est.

Evanghelia fusese propovăduită în Efes prin lucrarea misionară a apostolului Pavel. Evanghelia lui Isus Christos era cunoscută nu numai în rândul credincioșilor, dar și în rândul celor care o venerau pe zeița Artemis.

Duhul Sfânt a lucrat cu putere în Biserica din Efes

Într-o zi, pe când predica Evanghelia în Asia, apostolul Pavel s-a dus la Efes. Acolo s-a întâlnit cu niște ucenici și le-a pus o întrebare: „Ați primit voi Duhul Sfânt când ați crezut?". Ei i-au răspuns: „Nici n-am auzit măcar că a fost dat un Duh Sfânt" (Faptele Apostolilor 19:2).

Apostolul Pavel i-a întrebat din nou: „Dar cu ce botez ați fost botezați?" Ei au răspuns: „Cu botezul lui Ioan" (Faptele Apostolilor 19:3).

Mai apoi, apostolul Pavel le-a propovăduit cu îndrăzneală celor care nu aveau cunoștință despre Isus Christos. „Ioan a botezat cu botezul pocăinței, și spunea norodului să creadă în Cel ce venea după el, adică în Isus" (Faptele Apostolilor 19:4).

În cele din urmă, aceștia L-au acceptat pe Isus Christos prin apostolul Pavel și au primit un alt botez. Duhul Sfânt a făcut lucrări minunate în mijlocul lor, asemenea celor din alte biserici primare. După ce au primit Duhul Sfânt, au vorbit în limbi și au profețit.

După aceea, apostolul Pavel a predicat Evanghelia timp de trei luni în sinagoga din Efes. Cei care aveau o gândire împietrită și de neînduplecat l-au criticat și astfel Pavel a plecat din acel loc și a propovăduit Evanghelia timp de doi ani în școala unuia numit Tiran.

În timp ce Pavel predica Evanghelia, Dumnezeu făcea minuni nemaipomenite prin mâinile lui. Când batistele sau șorțurile care fuseseră atinse de trupul lui Pavel erau duse la bolnavi, aceștia se vindecau și duhurile rele ieșeau din ei. Aceste vești s-au răspândit peste tot în Efes și mulți iudei și greci au ajuns să creadă în Isus Christos.

Atunci, argintarii și meșteșugarii din Efes, care făceau din argint machete ale templului zeiței, s au temut că își vor pierde sursa de câștig și l-au amenințat pe Pavel cu moartea. Erau îngrijorați că oamenii nu se vor mai închina zeiței Diana ci Îl vor urma pe Isus Christos.

...vedeți și auziți că Pavel acesta, nu numai în Efes, dar aproape în toată Asia, a înduplecat și a abătut mult norod și zice că zeii făcuți de mâini nu sunt dumnezei. Primejdia care vine din acest fapt nu este numai că meseria noastră cade în dispreț, dar și că templul marii zeițe Diana este socotit ca o nimica, și chiar măreția aceleia care este cinstită în toată Asia și în toată lumea este nimicită. (Faptele Apostolilor 19:26-27)

Când argintarii i-au stârnit la mânie pe ceilalți meșteșugari care aveau ocupații similare, împreună au ajuns să deruteze întregul oraș. Atunci au încercat să îl aresteze pe Pavel și pe cei ce călătoreau cu el, care predicau Evanghelia. Dar, în pofida acestor persecuții, prin intermediul călătoriei misionare a lui Pavel, în cele din urmă, a fost înființată Biserica din Efes.

Domnul ține în mâna dreaptă cele șapte stele

Domnul scrie acestei Biserici din Efes. În prima parte sunt menționați autorul și destinatarul scrisorii. Destinatarul a fost îngerul Bisericii din Efes, iar autorul a fost Cel ce ține în mâna dreaptă cele șapte stele.

Termenul „înger" se referă la un mesager sau o persoană care face voia stăpânului, adică la cel care păstorește Biserica din Efes. Cel care ține în mâna dreaptă cele șapte stele este Isus Christos.

Isus a venit pe acest pământ pentru a mântui omenirea păcătoasă. A venit pentru a-Și vărsa sângele când a fost răstignit pe cruce. A înviat, a deschis calea mântuirii și S-a înălțat la Cer. Până când se va încheia cultivarea umană, El va pregăti locașurile din Împărăția Cerurilor pentru copiii lui Dumnezeu.

La vremea hotărâtă de Dumnezeu, Domnul va veni pe nori ca să Își adune cetățenii Cerului. De asemenea, El va veni și ca Judecător.

De ce este Domnul numit „cel ce ține cele șapte stele în mâna dreaptă, și Cel ce umblă prin mijlocul celor șapte sfeșnice de aur (versetul 1)?

Pentru cei mai mulți oameni, mâna dreaptă este mai puternică decât stânga. Mâna dreaptă simbolizează putere și tărie, iar stelele reprezintă oamenii. În a doua parte a versetului 20 din Apocalipsa 1, scrie: „cele șapte stele sunt îngerii celor șapte Biserici"; prin urmare, cele șapte stele se referă la pastorii celor șapte Biserici.

Când ni se spune că Domnul ține cele șapte stele în mâna dreaptă, acest lucru înseamnă că Dumnezeu îi ține pe pastorii și pe slujitorii Săi, pe care i-a ales prin puterea Sa. Prin intermediul lor, Dumnezeul cel viu este glorificat când Își manifestă prezența prin vindecările divine și lucrările miraculoase și Își revarsă binecuvântările care transcend limitele timpului și spațiului (Marcu 16:17-20; Faptele Apostolilor 19:11-12).

În Matei 16:18, Isus i-a spus lui Petru: „Eu îți spun: tu ești Petru (Grecește: Petros.), și pe această piatră (Grecește: petra.) voi zidi Biserica Mea, și porțile Locuinței morților nu o vor birui." Potrivit acestor spuse, pastorii și bisericile alese și înființate de Dumnezeu nu pot fi distruse nici de diavol, nici de nimeni altcineva.

De aceea, cine judecă sau condamnă o biserică și un pastor pe care Domnul îl ține în mâna Sa dreaptă, practic, Îl judecă și condamnă pe Domnul Însuși.

Domnul umblă prin mijlocul celor șapte sfeșnice de aur

Ni se spune că Domnul umblă prin mijlocul celor șapte sfeșnice de aur. Din punct de vedere spiritual, aurul simbolizează credința statornică, iar sfeșnicele biserica. Sfeșnicele de aur se referă la bisericile care sunt întemeiate pe credința în Domnul, bisericile care sunt cumpărate cu sângele

Domnului și care alcătuiesc trupul lui Christos. Numărul șapte reprezintă desăvârșirea. Cele „șapte sfeșnice de aur" se referă la bisericile care sunt înființate în numele Domnului.

Lumânările din sfeșnice se referă la credincioși. După cum lumânările răspândesc lumină în întuneric când sunt aprinse, tot astfel, și bisericile, care sunt formate din credincioși, vor răspândi lumină când sunt pline de Duhul și trăiesc în conformitate cu adevărul. Dacă avem credință adevărată, vom trăi în lumină, potrivit Cuvântului lui Dumnezeu. Prin intermediul bisericilor care sunt alcătuite din acest fel de credincioși mulți oameni vor ieși din întuneric la lumină și vor primi astfel mântuirea.

Domnul umblă printre cele șapte sfeșnice. Acest lucru sugerează faptul că El umblă în mijlocul bisericilor întemeiate de Dumnezeu, iar ochii Săi ca para focului sunt ațintiți asupra lor.

Când ni se spune că „Cel care ține cele șapte stele în mâna dreaptă umblă prin mijlocul celor șapte sfeșnice de aur", asta înseamnă că acele biserici care sunt întemeiate în numele Domnului și păstorii pe care Domnul îi ține prin puterea Sa vor constitui standardul după care se va face judecata la final.

Azi, sunt foarte multe biserici și păstori care predică Cuvântul lui Dumnezeu, însă nu toate învățăturile lor sunt potrivite adevărului. Numai slujitorii adevărați, pe care Dumnezeu îi atestă și aprobă, pot face cunoscută voia lui

Dumnezeu cu acuratețe și adevăr și pot stabili standardul de judecată.

De asemenea, nu toate bisericile își vor face datoria de a fi o corabie a mântuirii. În zilele de pe urmă, numai acele biserici pe care Domnul le ține în mâna Sa vor putea împlini acea datorie. Chiar dacă pe din afară arată ca și cum ar fi fost întemeiate în numele Domnului, este posibil ca Domnul să nu fie în mijlocul multora dintre biserici.

La judecata de pe urmă, standardele de judecată se vor aplica nu numai individului, în lumina vieții de creștin pe care a dus-o pe pământ, ci și bisericii de care a aparținut. De aceea, acest lucru este foarte important. Desigur, mântuirea se primește în funcție de relația pe care fiecare individ a avut-o cu Dumnezeu. Însă, biserica în mijlocul căreia își trăiesc viața de creștin și pastorul pe care îl slujesc influențează dramatic viețile acelor credincioși.

De exemplu, fără a ști cum stau lucrurile cu adevărat, dacă pastorul unei biserici judecă și condamnă alt pastor sau altă biserică, ulterior, membrii acelei biserici pot ajunge să judece și să condamne un alt pastor sau o altă biserică într-o manieră similară. Într-o astfel de situație, chiar dacă nu au avut intenții rele, acest lucru nu poate fi trecut cu vederea în Ziua Judecății.

De aceea, trebuie să realizăm cât de important este la ce fel de biserică aparținem și de la ce fel de pastor învățăm.

Dacă capul bisericii conduce pe mulți pe calea morții,

pedeapsa va fi foarte mare. Dar, dacă păstorul conduce la pășuni verzi și la ape de odihnă turma care i-a fost încredințată, călăuzindu-i pe credincioși spre locașuri frumoase în Împărăția Cerurilor, el va primi răsplăți mari și multă cinste.

Domnul care ține cele șapte biserici în mâna dreaptă și umblă prin mijlocul celor șapte sfeșnice de aur are ochii ca para focului ațintiți asupra fiecărui aspect din viața bisericii și asupra fiecărei fapte.

Bisericile de azi care sunt asemenea Bisericii din Efes

De vreme ce mesajul adresat celor șapte biserici este universal valabil pentru toate bisericile din lume, indiferent de vremea și locul în care au existat, chiar și în rândul bisericilor de azi putem găsi exemple care se potrivesc descrierii celor șapte biserici.

Domnul a vorbit bisericilor care se aseamănă cu Biserica din Efes. Numeroase biserici cred că au lucrat pentru Împărăția lui Dumnezeu cu putere, însă multe din ele nu numai că și-au părăsit dragostea dintâi dar nici nu au mai putut să se întoarcă la ea.

Dumnezeu a vorbit unei biserici specifice. Încă de la deschiderea acelei biserici, membrii s-au străduit să trăiască o vreme potrivit adevărului și au îndurat tot felul de lucruri inclusiv persecuții din cauza numelui Domnului. Aveau ardoarea dragostei dintâi, erau una în rugăciune chiar și în mijlocul persecuției și încercau să împlinească voia lui Dumnezeu cu toată puterea.

S-au străduit să ajungă la niveluri mai profunde ale duhului și au predicat Cuvântul Adevărului lui Dumnezeu. Au încercat să lărgească Împărăția lui Dumnezeu cu credincioșie, iar Dumnezeu s-a bucurat de ei și i-a binecuvântat. Biserica creștea de la o zi la alta. Membrii bisericii primeau binecuvântări, iar în mijlocul lor se manifestau lucrări de vindecare.

Când biserica s-a dezvoltat și a ajuns să fie recunoscută de alte biserici, lucrurile au început să se schimbe. Influența era mare.

Dacă s-ar fi întors de pe cale în momentul în care și-au părăsit dragostea dintâi și ar fi început să se schimbe, ar fi putut să revină la dragostea dintâi. Dar au fost ispitiți să se mândrească cu multele lor realizări. În cele din urmă, mândria s-a transformat în aroganță când au crezut că Dumnezeu Însuși îi aproba.

Acum au ajuns în faza în care judecă, condamnă și critică alte biserici. Deoarece se mândreau cu faptul că erau apreciați de alții, judecau și condamnau alte biserici, considerând atât bisericile cât și pe pastorii lor eretici.
Cuvântul lui Dumnezeu ne spune să nu judecăm și să nu condamnăm niciodată. De aceea, ar trebui să putem discerne cu ajutorul Cuvântului lui Dumnezeu dar, în același timp, ar trebui să rămânem smeriți și astfel să nu fim orbiți de mândrie.

Mai mult, niciun slujitor al lui Dumnezeu sau păstor, care este călăuzit de mâna dreaptă a Domnului prin lucrări pline de putere, nu ar trebui judecat pe baza unor standarde personale care nu sunt întotdeauna corecte.

Membrii bisericii și-au pierdut dorința de a se jertfi sau de a suferi din pricina adevărului. Se rugau tot mai puțin și, în loc să facă voia lui Dumnezeu, doreau să se bucure de succesele obținute. La prima vedere, se părea că biserica continua să crească, dar fervoarea și credința entuziasmantă pe care le avuseseră înlăuntru au dispărut.

Acest lucru este adevărat și în cazul credinței unei persoane. După ce un om Îl primește pe Domnul, atâta vreme cât pasiunea dragostei dintâi rămâne, omul respectiv nu lipsește de la nicio întâlnire de rugăciune sau de la campanii de evanghelizare și acceptă de bună voie multe responsabilități din partea bisericii. Dar, pe măsură ce trece timpul, s-ar putea să nu mai fie atât de entuziasmat vizavi de îndatoririle sale. S-ar putea să nu mai dorească să le împlinească. S-ar chiar putea să își schimbe responsabilitățile sau să renunțe la ele total.

Desigur, s-ar putea ca un singur om să aibă prea multe responsabilități pe care încearcă să le împlinească, dar acest caz este diferit de cel în care cineva vrea să își schimbe responsabilitățile pentru că nu vrea să le mai împlinească. Din cauză că are credință, el continuă să participe la serviciile de închinare și la întâlnirile de rugăciune, dar fervoarea pe care o avusese înainte a dispărut și nu mai are loc nicio creștere a credinței acestuia.

Cauzele fundamentale care conduc la starea Bisericii din Efes

Când oamenii încep să își piardă dragostea dintâi, chiar dacă par că se străduiesc, devin tulburați și neliniștiți în acea privință. Simt că ar trebui să facă ceva despre situație dar, pe măsură ce timpul trece, inimile lor devin tot mai amorțite. În cele din urmă, sentimentul dispare cu desăvârșire. Pentru individ cât și pentru biserici, motivul fundamental care duce la pierderea dragostei dintâi și la ajungerea în starea Bisericii din Efes este lipsa unei credințe adânc înrădăcinate.

Copacii care au rădăcini adânci nu sunt clintiți cu ușurință. În același fel, dacă credința noastră are rădăcini adânc înfipte în Cuvântul lui Dumnezeu, nu ne vom clătina în nicio situație. Cuvântul lui Dumnezeu ne arată greșelile noastre din fiecare zi și, când ne schimbăm inimile prin rugăciune, vom continua să fim plini de plinătatea Duhului. Când suntem plini de Duhul, nicio neliniște nu se va strecura în inimile noastre.

Chiar dacă un om crede în Dumnezeu, predică altora Evanghelia și se roagă, dacă nu are o credință adânc înrădăcinată, nu va avea suficientă roadă care să producă reînnoire. De asemenea, nu are nici dovezi că Dumnezeu îl iubește. Prin urmare, poate fi influențat cu ușurință. Mai apoi ajunge să facă compromisuri cu realitatea situației în care se află. Credința nu-i mai crește iar persoana respectivă ajunge să dea înapoi.

De aceea, ar trebui să putem discerne starea prezentă a credinței noastre, să ne pocăim repede și să ne întoarcem la calea bună. Altfel, Dumnezeu spune că va lua sfeșnicul din locul lui (Apocalipsa 2:5). Atunci, harul lui Dumnezeu și Duhul Sfânt va fi dat altei biserici de credincioși ca să împlinească voia și planul lui Dumnezeu.

De aceea, prin intermediul mesajului dat Bisericii din Efes, ar trebui să ne putem cerceta credința personală, precum și credința altor grupuri din biserică, pentru a determina ce anume este vrednic de lauda Domnului și ce anume necesită mustrarea Sa.

LAUDA ADUSĂ BISERICII DIN EFES

Știu faptele tale, osteneala ta și răbdarea ta, și că nu poți suferi pe cei răi; că ai pus la încercare pe cei ce zic că sunt apostoli, și nu sunt, și i-ai găsit mincinoși. Știu că ai răbdare, că ai suferit din pricina Numelui Meu și că n-ai obosit. (Apocalipsa 2:2-3)

Din scrisorile către cele șapte biserici aflăm că Domnul se raportează diferit la fiecare biserică în parte. O biserică primește laude și mustrare, alta numai mustrare, alta numai laude, iar una primește numai îndemnuri dar nicio laudă sau mustrare.

Dacă învățăm din modul în care Domnul tratează cele șapte biserici, îi vom putea sfătui pe alții în așa fel încât aceștia să experimenteze rezultate pozitive. Înainte să mustre Biserica din Efes, Domnul a lăudat-o pentru lucrurile bune și apoi a mustrat-o pentru greșelile făcute.

Când încercăm să îl ajutăm pe un om să își vadă greșelile, dacă mai întâi îl mustrăm și mai apoi îl lăudăm, inima lui se va închide când va auzi mustrarea. Astfel, încercarea noastră va eșua. Dacă mai întâi îl lăudăm pentru lucrurile bune pe care le-a făcut, acest lucru îl poate face pe om să își deschidă larg inima. Ulterior, când îi arătăm lucrurile care ar trebui schimbate, omul respectiv le va accepta cu o atitudine mai pozitivă.

Deci, dacă nu avem ce lăuda la un om, este mai bine să nu îl mustrăm deloc. În acest caz, omul își va pierde curajul și se va retrage. Într-un astfel de caz, ar fi mai înțelept să îl sfătuim cu dragoste fără să îl mustrăm deloc. Haideți să ne uităm cu atenție la motivele de laudă pe care Domnul le-a avut pentru Biserica din Efes.

Biserica din Efes a continuat să umble în adevăr

În primul rând, Domnul i-a lăudat pe cei din biserică pentru că au continuat să umble în adevăr. Păstorul și credincioșii bisericii din Efes au încercat să trăiască după Cuvântul lui Dumnezeu, lepădându-se de lucrurile care, potrivit adevărului, erau rele.

În Cuvântul lui Dumnezeu, în general, sunt patru feluri de

porunci prin care ni se spune ce să facem, ce să nu facem, ce să păstrăm și ce să lepădăm. De exemplu, întâlnim porunci precum: „Iubiți", „Iertați", „Nu invidiați", „Sfințește ziua de odihnă", „Lepădați-vă de orice formă de răutate" etc. Pentru a putea pune în practică toate poruncile date de adevăr, trebuie să perseverăm.

De exemplu, Cuvântul lui Dumnezeu spune să ne aducem aminte de ziua de odihnă și să o sfințim. Deci, duminica trebuie să mergem la biserică și să Îl lăudăm pe Dumnezeu în duh și în adevăr. Distracțiile lumești, cumpăratul și vândutul, precum și afacerile sunt interzise. Pentru a împlini Cuvântul care ne spune să ne rugăm fără încetare, ne rugăm cu străruință.

Dar azi, câte biserici pot fi lăudate pe drept pentru că împlinesc Cuvântul lui Dumnezeu? Evrei 10:24-25 spune: „Să veghem unii asupra altora, ca să ne îndemnăm la dragoste și la fapte bune. Să nu părăsim adunarea noastră, cum au unii obicei; ci să ne îndemnăm unii pe alții, și cu atât mai mult, cu cât vedeți că ziua se apropie." Din dorința de a duce vieți creștine comode, astfel de întâlniri dispar din multe biserici.

Evrei 12:4 spune: „Voi nu v-ați împotrivit încă până la sânge, în lupta împotriva păcatului." Ne spune să ne împotrivim păcatului până la sânge. În 1 Corinteni 4:2 scrie: „Încolo, ce se cere de la ispravnici, este ca fiecare să fie găsit credincios în lucrul încredințat lui." Apocalipsa 2:10 ne îndeamnă: „Fii credincios până la moarte."

Pentru a ne putea lepăda de păcate și de răutatea din inimă, trebuie să ne luptăm până la sânge. Împlinirea îndatoririlor până la moarte necesită răbdare și perseverență. Chiar dacă credem că ne luptăm din răsputeri împotriva păcatului și suntem credincioși, ar trebui să nu ne mulțumim, gândindu-ne: „Cât de multe lucruri am făcut!"

În 2 Corinteni 10:18 scrie: „nu cine se laudă singur, va fi primit, ci acela pe care Domnul îl laudă." Trebuie să Îi fim plăcuți Domnului. Aceasta nu înseamnă că trebuie să ne lepădăm de păcate și să fim credincioși pentru a primi laude. Chiar și după ce facem o treabă cum nu se poate mai bună, ar trebui să putem spune că am făcut doar ce era de datoria noastră să facem. Trebuie să avem inima robului netrebnic (Luca 17:10).

Doar atunci vom putea deveni bisericile și credincioșii pe care Domnul îi poate lăuda pe bună dreptate. Din cauză că Biserica din Efes s-a străduit din răsputeri să pună în practică adevărul și a perseverat, Domnul a putut-o lăuda, spunându-i (versetul 2): „Știu faptele tale, osteneala ta."

Biserica din Efes nu i-a suferit pe cei răi

În al doilea rând, Domnul i-a lăudat pe membrii bisericii din Efes pentru că nu îi tolerau pe cei răi. S-ar putea ca unii să înțeleagă greșit cuvântul lui Dumnezeu și să spună: „Biserica trebuie să îi iubească pe toți, prin urmare trebuie să îi acceptăm chiar și pe cei care comit păcate."

Bineînțeles, în Domnul, trebuie să iertăm de șaptezeci de ori câte șapte și să fim răbdători cu ceilalți până când se schimbă. Dar acest lucru nu înseamnă că îi putem lăsa în pace pe cei ale căror păcate îi conduc spre moarte.

Când copiii o apucă pe calea greșită, dacă părinții îi iubesc, nu vor continua doar să-i ierte. Ei nu vor cruța nuiaua și nu îl vor răsfăța pe copil, ci îl vor corecta când este necesar. Același lucru se aplică și celor care sunt în Domnul. În Dumnezeu nu este urmă de întuneric; El este sfânt și nu tolerează niciun rău.

În 1 Corinteni 5:11-13 citim: „Ci v-am scris să n-aveți niciun fel de legături cu vreunul care, măcar că își zice "frate", totuși este curvar, sau lacom de bani, sau închinător la idoli, sau defăimător, sau bețiv, sau hrăpăreț; cu un astfel de om nu trebuie nici să mâncați. În adevăr, ce am eu să judec pe cei de afară? Nu este datoria voastră să judecați pe cei dinăuntru? Cât despre cei de afară, îi judecă Dumnezeu. Dați afară, dar, din mijlocul vostru pe răul acela."

Să nu înțelegem greșit aceste cuvinte. Ele nu sugerează că ar trebui să stăm departe de cei necredincioși sau să ne izolăm de cei proaspăt întorși la Domnul. Totuși, dacă unul care are funcția de diacon sau prezbiter în biserică, de la care se așteaptă să aibă credință, comite astfel de păcate, ar trebui să nu ne asociem cu el și să îl dăm afară din biserică.

Isus ne-a spus să iertăm chiar de șaptezeci de ori câte șapte

(Matei 18:22), dar de ce ne spune mai apoi să nu îi iertăm pe aceşti oameni ci să îi excludem din mijlocul nostru? Domnul este plin de dragoste. Chiar dacă cineva a comis un păcat, dacă se pocăieşte şi se întoarce de pe cale, Domnul se va îndura de el şi îl va ierta.

Dar, dacă omul respectiv nu se lasă de rău, măcar că ştie că trăieşte în păcat, acest lucru sugerează că inima lui este foarte împietrită. Satana îl va influenţa tot mai mult şi omul va ajunge să facă tot mai multe lucruri rele. În cele din urmă, şi biserica va avea mult de suferit de pe urma lui.

Biserica este un loc în care sufletele primesc mântuire şi Împărăţia lui Dumnezeu se lărgeşte potrivit voii Lui. Dar, din cauza unor astfel de oameni, Împărăţia lui Dumnezeu nu se poate manifesta. Dacă i-am lăsa să facă după cum vor ei, relele lor s-ar înmulţi şi i-ar afecta pe alţi oameni asemenea drojdiei din pâinea dospită. Din acest motiv, Domnul ne spune să îi dăm pe aceşti oameni afară din mijlocul nostru. Dar aceasta nu înseamnă că trebuie să îi excludem imediat după ce păcătuiesc.

Cum să îl sfătuim pe un frate care a păcătuit?

În Matei 18:15-17 ni se spune: „Dacă fratele tău a păcătuit împotriva ta, du-te şi mustră-l între tine şi el singur. Dacă te ascultă, ai câştigat pe fratele tău. Dar, dacă nu te ascultă, mai ia cu tine unul sau doi inși, pentru ca orice vorbă să fie sprijinită pe mărturia a doi sau trei martori. Dacă nu vrea să asculte de ei, spune-l bisericii; și, dacă nu vrea să asculte nici de biserică, să fie pentru tine ca un păgân și ca un vameș."

Dacă un frate în credință a făcut un lucru rău, noi n-ar trebui să le dăm de știre altora, ci ar trebui să îl sfătuim cu o inimă plină de dragoste. Dacă se lasă de păcat, nu va sfârși pe calea care duce la moarte și va putea fi mântuit. Dar, dacă nu ascultă, ar trebui să le spunem doar la doi sau trei oameni care au o poziție mai înaltă în biserică ca aceștia să îl sfătuiască.

Dacă nici atunci nu ia aminte, pentru a continua procesul, va trebui să le spunem pastorilor care au o funcție mai înaltă pe scara ierarhică. Aceștia vor trebui să îl sfătuiască pe om prin Cuvântul lui Dumnezeu și, dacă este necesar, să îl mustre pentru ca acesta să se poată lăsa de păcate. Dacă nici acum nu ascultă, Dumnezeu ne spune să îl considerăm asemenea unui păgân sau vameș. Dacă i s-ar permite să continue în păcat fără să sufere vreo consecință, el îi va face și pe alți credincioși să păcătuiască, producând astfel mare necaz în biserică.

Dumnezeu ne spune să nu tolerăm un astfel de om care păcătuiește în biserică nu din lipsă de dragoste, ci de dragul celorlalte suflete și pentru a sfinți biserica. Biserica a fost cumpărată cu sângele Domnului și biserica este trupul lui Christos.

Un lucru pe care trebuie să îl conștientizăm este acela că sfatul nostru către fratele în credință nu va fi de niciun folos dacă noi înșine nu trăim potrivit adevărului. Dacă nu trăim pe baza adevărului, ci numai îl sfătuim pe alt frate, spunându-i: „Frate, Dumnezeu urăște păcatul. Bucură-te întotdeauna, roagă-te necontenit și adu laude," acest lucru poate avea repercusiuni nedorite.

În Matei 7:3-5, Isus a spus: „De ce vezi tu paiul din ochiul fratelui tău și nu te uiți cu băgare de seamă la bârna din ochiul tău? Sau, cum poți zice fratelui tău: "Lasă-mă să scot paiul din ochiul tău", și, când colo, tu ai o bârnă în al tău?... Fățarnicule, scoate întâi bârna din ochiul tău, și atunci vei vedea deslușit să scoți paiul din ochiul fratelui tău."

Înainte de a-l sfătui pe altul, trebuie mai întâi să ne lepădăm de orice rău și de orice neadevăr din noi. Numai atunci ar trebui să îi sfătuim pe alții. Când îndeplinim aceste condiții, vom putea da sfaturi altora în așa fel încât cealaltă persoană să nu fie ofensată sau să nu înțeleagă greșit. Sfatul ar trebui primit cu bucurie.

În 1 Petru 1:16, Dumnezeu ne poruncește să fim sfinți deoarece și El este sfânt. Motivul pentru care trebuie să fim sfinți este foarte clar. Dumnezeu L-a dat pe singurul Său Fiu, Isus Christos, ca jertfă de ispășire, pentru a ne răscumpăra din păcate. De asemenea, El a dat Duhul Sfânt credincioșilor pentru ca aceștia să se poată lepăda de păcate și să poată trăi în lumină.

Așadar, cum poate Dumnezeu permite răului să existe în biserică de vreme ce biserica este trupul lui Christos?

În realitate, însă, sunt multe biserici în ziua de azi care nu mustră și nu rezolvă lucrurile rele care se petrec în mijlocul ei, ci le ignoră sau le tolerează. Oamenii din biserică se tem că dacă membrii bisericii sunt sfătuiți sau mustrați când li se atrage atenția asupra păcatelor comise s-ar putea să părăsească biserica. Unii au o afecțiune firească și sunt empatici față de cei răi. Alții fac compromisuri cu cei bogați și cei în poziție de autoritate și tolerează făcătorii de rele în biserică.

Atunci care să fie rolul bisericii? Rolul ei este de a-i învăța pe copiii lui Dumnezeu să trăiască potrivit adevărului și să conducă cât mai multe suflete în Împărăția Cerurilor. Pastorul și liderii ar trebui să-i avertizeze cu strictețe pe credincioși cu privire la lucrurile pe care Dumnezeu le consideră păcat și care duc la moarte pentru ca aceștia să se poată lepăda de păcate. Cu o inimă plină de dragoste, ei ar trebui să-i încurajeze și să-i sfătuiască pe membrii bisericii să se lepede de păcate și să ducă o viață sfântă.

Biserica din Efes a pus la încercare și a dat în vileag pe apostolii mincinoși

În al treilea rând, membrii Bisericii din Efes au fost lăudați pentru că au pus la încercare pe cei ce ziceau că sunt apostoli și nu erau și i-a găsit mincinoși. Aici, "apostoli" nu se referă la cei doisprezece ucenici ai lui Isus sau la apostolul Pavel. Este un termen generic care se referă la toți cei care au poziții și responsabilități în biserică.

În biserica de azi, sunt multe poziții precum slujitori, prezbiteri, diaconițe și diaconi. Indiferent dacă au credință sau nu, unii din ei primesc funcția respectivă din partea bisericii doar din cauză că au frecventat biserica de ceva vreme. Chiar dacă primim funcții înalte și multe responsabilități, dacă Dumnezeu nu ne atestă, acestea nu ajută la nimic.

Chiar dacă am primit funcții din cauză că am frecventat biserica timp îndelungat sau din cauza felului în care ne prezentăm, dacă Dumnezeu nu ne aprobă, suntem ca și apostolii care își spun apostoli, dar nu sunt. Ce să însemne faptul că Biserica din Efes i-a pus la încercare pe cei ce se credeau apostoli și nu erau, și i-a găsit mincinoși?

De exemplu, să presupunem că un pastor își învață membrii să se lepede de păcate și de răutate și să trăiască potrivit adevărului. Acei membri care au credință vor accepta cuvântul vestit cu "Amin" și îl vor împlini. Din Evrei 4:12 aflăm că, atunci când Cuvântul lui Dumnezeu este viu și lucrător, mai ascuțit decât orice sabie cu două tăișuri și pătrunde până acolo că desparte sufletul și duhul, încheieturile și măduva, oamenii pot vedea ce nu este potrivit adevărului, apoi se pocăiesc și se leapădă de lucrul respectiv.

Dar, cei care au inimi împietrite nu se vor întoarce de la păcatele lor nici după ce vor auzi Cuvântul lui Dumnezeu. Dimpotrivă, dacă li se va părea că răutatea lor va fi dată pe față, îi vor înșela pe ceilalți membri, vor avea o atitudine negativă vizavi de biserică și de pastor și, în final, vor părăsi biserica. Fățărnicia celor care își spun apostoli, dar nu sunt, va fi dată în vileag.

Chiar și în rândul pastorilor, sunt unii care se cred apostoli, dar nu sunt. Ca pastori, judecă și condamnă prin Cuvântul lui Dumnezeu alte biserici sau alți pastori. Ei înșiși au devenit orbii care călăuzesc turma pe calea greșită. Acest lucru s-a întâmplat preoților, fariseilor și cărturarilor.

În capitolul 23 din Matei, Isus îi numește „povățuitori orbi" și îi mustră, zicându-le: „Tot așa și voi, pe dinafară vă arătați neprihăniți oamenilor, dar pe dinăuntru sunteți plini de fățărnicie și de fărădelege" (versetul 28).

Uneori Dumnezeu îngăduie încercări în biserică pentru a da în vileag o astfel de fățărnicie. Pe perioada acestor încercări, biserica s-ar putea să aibă parte de persecuție și greutăți.

De exemplu, când Ștefan a atras atenția asupra păcatelor și răutății oamenilor răi, aceștia s-au simțit ofensați în inima lor și l-au omorât cu pietre. Tot astfel, când păcatele celor răi sunt date la iveală sau când adevăratul lor caracter este descoperit, oamenii răi își dau răutatea pe față. Prin urmare, când Dumnezeu permite încercări pentru a-i da la iveală pe aceia care își spun apostoli dar nu sunt, s-ar putea ca și cei slabi în credință să își piardă credința.

Dar cei care au o credință adevărată nu vor fi clintiți în nicio situație. După cum pământul devine mai ferm după o ploaie, tot astfel, prin încercări, și credința lor va fi mai fermă și bunătatea mai mare. Mai mult, după ce iese biruitor dintr-o încercare, nu doar omul respectiv va fi binecuvântat de Dumnezeu, ci și biserica întreagă.

Biserica din Efes nu a obosit, a suferit și a perseverat din pricina Numelui Domnului

În al patrulea rând, Domnul a lăudat Biserica din Efes pentru perseverența și suferința pe care a îndurat-o din pricina numelui Domnului și pentru că nu a obosit. Când ascultăm Cuvântul lui Dumnezeu, dacă descoperim păcate în viața noastră în urma mesajului auzit, trebuie să ne pocăim, să ne lepădăm de acel păcat și să trăim potrivit Cuvântului lui Dumnezeu.

Dar uneori, când păcatele lor sunt menționate în mesajul dat din Cuvântul lui Dumnezeu, unii oameni devin sfidători și creează tot felul de probleme. Însă, un pastor adevărat, va îngădui chiar și un astfel de om. El se va ruga cu lacrimi și, îmbrățișându-l cu dragoste, va continua să predice cuvântul dătător de viață pentru ca acești oameni să nu o apuce pe drumul ce duce la moarte.

Moise s-a suit pe munte de unul singur și a postit timp de 40 de zile ca să primească din partea lui Dumnezeu cele zece porunci. Între timp, poporul Israel a făcut un idol căruia i s-au închinat. Acesta a fost un păcat grav. Dumnezeu S-a mâniat pe ei și a vrut să îi nimicească complet. Dar Moise s-a rugat cu lacrimi pentru ei (Exodul 32:31-32).

Apostolul Pavel a fost bătut și aruncat în închisoare pe când predica Evanghelia. Suferise foarte mult, dar a biruit în orice încercare, suferind și perseverând de dragul lui Isus Christos. Pastorul Bisericii din Efes, de asemenea, a perseverat și a suferit din pricina numelui Domnului și nu a obosit, de aceea Domnul l-a lăudat.

Dacă pastorul obosește și se lasă pe tânjeală, nu se va mai ruga. Atunci nu va mai putea să-și protejeze turma de atacurile spirituale din partea dușmanului diavolul. De asemenea, nici nu va putea să își recupereze oile pierdute.
Pastorul va putea să poarte de grijă turmei și își va putea face datoria față de ea doar atunci când își va da toată silința. Chiar și în zilele noastre, pentru a fi lăudați de Domnul, biserica și pastorul trebuie să se poarte într-o astfel de manieră.

În această perioadă a zilelor de pe urmă, când lumea este plină de păcate, este nevoie de multă răbdare și perseverență pentru a putea călăuzi turma spre Împărăția Cerurilor. Chiar dacă predicăm adevărul și le arătăm semne și minuni prin care să poată crede, este posibil ca unii oameni să rămână prieteni cu lumea și să locuiască în întuneric. Chiar și în astfel de cazuri, trebuie să continuăm să ne rugăm pentru ei cu lacrimi fierbinți de durere. Trebuie să fim întotdeauna vigilenți și să ne îngrijim de acești oameni. Trebuie să le purtăm de grijă cu multă dragoste, fără să obosim sau să devenim neglijenți.

Azi, chiar și în rândul credincioșilor, sunt unii care distorsionează adevărul. Ca să se înțeleagă și să aibă armonie unii cu alții, aceștia fac compromisuri cu tendințele lumești. Prin urmare, sunt multe lucruri pe care trebuie să le îndurăm din pricina numelui Domnului. Dacă avem credință adevărată în Domnul, vom trece prin orice test sau încercare cu bucurie și mulțumire. Nu vom obosi, ci ne vom ruga cu conștiinciozitate și ne vom face toate datoriile încredințate.

MUSTRAREA PE CARE DOMNUL A DAT-O BISERICII DIN EFES

Dar ce am împotriva ta, este că ți-ai părăsit dragostea dintâi. Adu-ți dar aminte de unde ai căzut; pocăiește-te, și întoarce-te la faptele tale dintâi. Altfel, voi veni la tine, și-ți voi lua sfeșnicul din locul lui, dacă nu te pocăiești (Apocalipsa 2:4-5).

Biserica din Efes a fost lăudată pentru răbdarea și osteneala ei în aplicarea adevărului în viața de zi cu zi, pentru că nu i-a tolerat pe cei răi și i-a dat la iveală pe apostolii mincinoși, pentru că a perseverat din pricina numelui Domnului și nu a obosit în lucrarea ei. Cu toate acestea, au fost câteva lucruri pentru care Domnul a mustrat-o.

Biserica din Efes și-a părăsit dragostea dintâi

Biserica din Efes a fost lăudată de Domnul, dar ulterior a primit o mustrare serioasă prin care Domnul a spus că va lua de la ea sfeșnicul din locul lui. Această mustrare s-a datorat faptului că acești oameni și-au părăsit dragostea dintâi și faptele dintâi. De ce a trebuit Biserica din Efes să primească o astfel de mustrare?

În Ioan 14:21 scrie: „Cine are poruncile Mele și le păzește acela Mă iubește; și cine Mă iubește va fi iubit de Tatăl Meu. Eu îl voi iubi și Mă voi arăta lui." În 1 Ioan 5:3 citim următoarele: „Căci dragostea de Dumnezeu stă în păzirea poruncilor Lui. Și poruncile Lui nu sunt grele."

La început, pastorul și membrii Bisericii din Efes Îl iubeau pe Dumnezeu, se luptau împotriva păcatelor și se lepădau de ele. De asemenea, încercau să trăiască potrivit Cuvântului lui Dumnezeu. Lucrau din greu și biruiau cu bucurie și mulțumiri dar, pe măsură ce a trecut timpul, au ajuns să se îndepărteze tot mai mult de adevăr.

La un moment dat, și-au pierdut dragostea dintâi. Nu s-au mai adunat laolaltă și au încetat să se mai roage. Nu au mai încercat să trăiască potrivit adevărului și s-au întors în lume.

Cei mai mulți oameni, când Îl întâlnesc pe Dumnezeu și primesc Duhul Sfânt, sunt plini de o bucurie copleșitoare care vine din plinătatea Duhului Sfânt. Participă la fiecare serviciu și la tot felul de întâlniri și încearcă din răsputeri să se roage neîncetat. De asemenea, deoarece cred în existența Cerului și iadului, predică Evanghelia fraților, rudelor și vecinilor. Se simt plini de bucurie când petrec timp cu frații în credință. Abia așteaptă să vină duminica și tânjesc să audă Cuvântul lui Dumnezeu.

Dar acum, pe măsură ce plinătatea dragostei dintâi scade, chiar dacă participă la serviciile de închinare, totuși, nu se închină în duh și în adevăr. Participă doar la servicii dintr-un sentiment de datorie. Adorm nu numai în timpul serviciului, dar și la timpul de rugăciune. Nu au puterea să se lupte și să se lepede de păcate, prin urmare fac compromisuri cu lumea și devin întinați de păcate.

Cum arată credința noastră la momentul de față? De ce nu ne amintim de emoțiile stârnite de dragostea dintâi, când am primit pentru prima dată Duhul Sfânt și inima noastră era plină de o bucurie de nedescris? Când ne gândim la ce fel de inimă am avut la început, câți dintre noi pot spune cu convingere că dragostea dintâi nu s-a răcit, nici nu s-a schimbat? Ne-am întrebat noi oare dacă este firesc să ne pierdem dragostea dintâi?

Domnul însă mustră pe cei ce își pierd dragostea dintâi. De asemenea, El ne spune: „Adu-ți dar aminte de unde ai căzut; pocăiește-te, și întoarce-te la faptele tale dintâi" (versetul 5). Trebuie să vedem când am început să ne pierdem entuziasmul inițial. Trebuie să ne pocăim și să ne întoarcem la faptele dintâi, la fervoarea dintâi și la plinătatea pe care am avut-o la început.

Motivul pentru care unii își părăsesc dragostea dintâi

Un bărbat și o femeie se iubesc atât de mult încât devin una prin căsătorie. Dar, pe măsură ce trece timpul, nu mai simt la fel, adică își părăsesc dragostea dintâi. Dacă își vor menține dragostea dintâi pe care au avut-o, relația lor va continua să fie armonioasă și nu vor avea nicio problemă.

Același lucru se întâmplă și cu dragostea noastră față de Dumnezeu și Domnul. Unii spun că au venit încercări asupra lor din cauza acțiunilor altor frați în credință. Alții spun că au început să lipsească de la câteva servicii ca să facă mai mulți bani duminica iar acum le este greu să țină ziua Domnului. Apoi, mai sunt cei care spun că au avut probleme cu pastorul sau că încercările au venit asupra lor din cauză că s-au îndoit de mesajul predicat.

Dar motivul principal pentru care ne pierdem dragostea dintâi este acela că îmbrățișăm din nou neadevărurile de care ne-am lepădat odinioară. Chiar dacă suntem plini de Duhul acum, dacă ne uităm din nou la lume și adoptăm din nou lucrurile lumii, s-ar putea să devenim una cu lumea.

Nu iubiți lumea, nici lucrurile din lume. Dacă iubește cineva lumea, dragostea Tatălui nu este în el. Căci tot ce este în lume: pofta firii pământești, pofta ochilor și lăudăroșia vieții, nu este de la Tatăl, ci vine din lume (1 Ioan 2:15-16).

Când este plin de dragostea dintâi, un om își poate tăia împrejur inima cu sârguință dar, după câțiva ani, s-ar putea să observe că rămâne la același nivel spiritual, fără să progreseze. Are de depășit același fel de încercări sau se poate confrunta cu aceleași forme de răutate de care crede că deja s-a lepădat.

Mai apoi, s-ar putea să-și simtă inima tulburată sau apăsată și s-ar putea gândi că are nevoie de o pauză. Poate ajunge să încerce să găsească liniște și odihnă în lucrurile firești ale lumii acesteia. S ar putea gândi că nu dorește decât puțin din acel confort sau odihnă dar, pe măsură ce trăiește potrivit veacului acestuia câte puțin aici, câte puțin acolo, s-ar putea să ajungă din nou să umble în totalitate pe căile lumești.

„Îți voi lua sfeșnicul din locul lui"

Chestiunile spirituale nu pot fi niciodată rezolvate prin metode lumești. Când credința unei persoane ajunge să stagneze și să nu mai crească, persoana respectivă trebuie să înțeleagă că problema nu se poate rezolva decât spiritual. Trebuie să se roage lui Dumnezeu cu mai multă râvnă, să primească har și putere de sus și să fie ajutată de Duhul Sfânt.

Pentru a face astfel, trebuie să ne amintim de unde am căzut, să ne pocăim și să ne întoarcem. Trebuie să distrugem zidul de păcat care a fost creat de faptul că ne-am părăsit dragostea dintâi și faptele dintâi. Numai atunci vom putea primi putere și har să alergăm din nou. Nu-i suficient să ne pocăim superficial, ci trebuie să ne căim amarnic dintr-o inimă zdrobită.

„Dumnezeu Tatăl L-a dat pe singurul Său Fiu pentru mine. Ca să Îşi demonstreze dragostea pentru mine, Domnul a purtat crucea în locul meu, a trecut prin multe suferinţe şi a fost batjocorit. Cum aş putea să dau uitării dragostea şi harul Lui?"

Acest fel de pocăinţă trebuie să vină din adâncul inimii noastre şi trebuie să producă roadele pocăinţei. Trebuie să devenim plini de Duhul şi să redobândim pasiunea trăirii creştine de odinioară.

Domnul mustră Biserica din Efes care şi-a părăsit dragostea dintâi şi îi spune să se pocăiască. Altfel, Domnul va lua sfeşnicul din locul lui. Sfeşnicul se referă la biserică, iar expresia are două înţelesuri majore.

În primul rând, „a lua sfeşnicul din locul lui" înseamnă că Domnul va lua Duhul Sfânt din inima fiecărui credincios.

În 1 Corinteni 3:16 scrie: „Nu ştiţi că voi sunteţi Templul lui Dumnezeu, şi că Duhul lui Dumnezeu locuieşte în voi?" Trupul nostru este templul sfânt al lui Dumnezeu. „A lua sfeşnicul din locul lui" înseamnă a înlătura biserica, adică trupul Domnului. Cu alte cuvinte, înţelegem că Domnul va lua Duhul Sfânt care locuieşte în inimile noastre.

În 1 Tesaloniceni 5:19 este scris: „Nu stingeți Duhul" iar 1 Corinteni 3:17 spune: „Dacă nimicește cineva Templul lui Dumnezeu, pe acela îl va nimici Dumnezeu; căci Templul lui Dumnezeu este sfânt: și așa sunteți voi." Dumnezeu spune că va nimici omul dacă acesta nimicește templul lui Dumnezeu. Acest lucru înseamnă că, dacă Dumnezeu va lua Duhul Sfânt de la noi, nu vom mai putea fi templul sfânt al lui Dumnezeu.

După ce am primit Duhul Sfânt, dacă ne părăsim dragostea dintâi și ne complacem în păcate din prietenie cu lumea, Duhul Sfânt nu poate face din inima noastră un templu sfânt în care să locuiască. Dacă ne pocăim și ne întoarcem înainte ca Duhul Sfânt să fie stins, Dumnezeu ne dă har și o nouă șansă. Dar, dacă nu ne pocăim, nu ne întoarcem și, în final, depășim limita dreptății Sale, Duhul Sfânt va fi luat de la noi.

Dar înainte ca o persoană să ajungă într-o astfel de situație, Duhul Sfânt o va convinge continuu de păcate. Din cauza suspinelor Duhului Sfânt, omul va simți în inima lui neliniște, îngrijorare, teamă și frământare. De asemenea, prin intermediul Cuvântului Său, Dumnezeu îi va da șansa de a se pocăi. Dar, dacă acesta nu se pocăiește și dacă, în cele din urmă, Duhul Sfânt va fi luat de la el, atunci, în mod firesc, Duhul Sfânt nu-l va mai putea ajuta. Din cauză că are cunoștința adevărului, s-ar putea să încerce să se întoarcă dar, deoarece nu mai poate beneficia de ajutorul Duhului Sfânt, omul nu se va mai putea pocăi.

În loc să se pocăiască, va încerca să găsească alinare în inimă în lucrurile firești ale lumii. Celui care ajunge într-o astfel de stare îi va fi foarte greu să se întoarcă. Fără dragostea jertfitoare care întrece dreptatea lui Dumnezeu, omul nu poate decât să piară în moartea veșnică. Prin urmare, niciunul din copiii lui Dumnezeu care au primit Duhul Sfânt nu ar trebui să ajungă vreodată într-o astfel de situație.

În al doilea rând, „a lua sfeșnicul din locul lui" înseamnă că Domnul va lua Duhul Sfânt din mijlocul bisericii.

Atât în cazul persoanei cât și al bisericii, dacă dragostea dintâi se răcește, lucrările Duhului Sfânt vor dispărea și trezirea spirituală se va opri.

Când biserica este nouă, credincioșii se roagă fierbinte lui Dumnezeu dar, după ce experimentează un anume grad de trezire spirituală, zelul lor se estompează. Nu se mai roagă fierbinte. Nu se mai adună laolaltă. Nu mai vestesc cu sârguință Evanghelia.

Odată ce lucrările Duhului Sfânt se reduc treptat în biserică, credincioșii intră într-o stare de ațipire spirituală. Când lucrările Duhului Sfânt încetează, nu le este ușor să stârnească din nou rugăciuni fierbinți și să ajungă din nou la plinătatea Duhului Sfânt. De vreme ce Biserica și-a părăsit dragostea dintâi, iar Dumnezeu a luat sfeșnicul din locul lui, Duhul Sfânt nu Își mai face lucrarea.

Dacă Duhul Sfânt nu mai face lucrări într-o biserică, Satana va începe curând să producă dezbinări și certuri. Situația poate escala până la punctul în care biserica respectivă este distrusă. O altă situație mai puțin gravă este cazul în care Duhul Sfânt nu mai poate face lucrări într-o anumită biserică, ceea ce înseamnă că biserica respectivă și-a abandonat deja îndatoririle.

Prin urmare, noi, credincioșii care trăim în vremurile de pe urmă, trebuie să ne amintim spusele din 1 Petru 4:7: „Sfârșitul tuturor lucrurilor este aproape. Fiți înțelepți dar, și vegheați în vederea rugăciunii." Trebuie să fim treji. Dacă ne-am părăsit dragostea dintâi, trebuie să ne pocăim rapid și să ne întoarcem din calea noastră pentru ca Dumnezeu să nu ia sfeșnicul din locul lui.

ÎNDEMNUL ȘI BINECUVÂNTAREA DATĂ BISERICII DIN EFES

Ai însă lucrul acesta bun: că urăști faptele Nicolaiților, pe cari și Eu le urăsc. Cine are urechi, să asculte ce zice Bisericilor Duhul: „Celui ce va birui, îi voi da să mănânce din pomul vieții, care este în raiul lui Dumnezeu" (Apocalipsa 2:6-7).

După ce a lăudat și a mustrat Biserica din Efes, Domnul a avut mai multe motive de laudă la adresa ei și acest lucru vine din înțelepciunea lui Dumnezeu. Domnul a mustrat pe pastor și pe membrii Bisericii din Efes pentru că și-au părăsit dragostea dintâi și această mustrare nu a fost una neînsemnată.

„A lua sfeșnicul din locul lui" înseamnă că numele membrilor vor fi șterse din Cartea Vieții aflată în Cer și nu vor fi mântuiți.

De asemenea, în ce privește biserica, acest lucru înseamnă că ea nu și-a putut îndeplini îndatoririle ca trup al lui Christos din cauză că lucrările Duhului Sfânt au încetat în acea biserică.

Cât de șocant trebuie să fi fost pentru ei când au auzit acest lucru! Dacă un credincios vine la consiliere și i se spune: „Dumnezeu va lua Duhul Sfânt de la tine și nu vei mai putea fi mântuit", atunci credinciosul s-ar prăbuși la pământ din cauza șocului.

Acest lucru s-a întâmplat Bisericii din Efes. Astfel, după ce Domnul a mustrat aspru pe pastorul și pe membrii Bisericii din Efes, a lăsat la urmă un alt motiv de laudă pentru ca aceștia să nu se descurajeze în inima lor, ci să se pocăiască și să-și continue umblarea prin credință. Biserica din Efes a primit această laudă din cauză că ura faptele Nicolaiților.

Biserica din Efes ura faptele Nicolaiților

Nicolaiții erau un grup format de către Nicola, unul din cei șapte diaconi din biserica primară. Deoarece biserica primară creștea foarte repede (Faptele Apostolilor 6:7), au fost aleși diaconi care să primească responsabilități administrative în biserică pentru ca apostolii să se poată concentra asupra propovăduirii Cuvântului lui Dumnezeu și asupra rugăciunii.

Cei doisprezece au adunat mulțimea ucenicilor, și au zis: „Nu este potrivit pentru noi să lăsăm Cuvântul lui Dumnezeu ca să slujim la mese. De aceea, fraților, alegeți dintre voi șapte bărbați, vorbiți de bine, plini de Duhul Sfânt și înțelepciune, pe care îi vom pune la slujba aceasta. Iar noi vom stărui necurmat în rugăciune și în propovăduirea Cuvântului" (Faptele Apostolilor 6:2-4).

Au ales șapte oamenii cu o reputație bună, plini de Duhul și de înțelepciune, pe care să îi pună responsabili cu sarcinile din biserică. Unul din ei era Nicola. El a fost lăudat pentru că era plin de credință și de Duh Sfânt, dar ulterior s-a îndepărtat de adevăr.

El a spus ceva de genul: „Duhul este curat, fără păcat și sfințit. Oamenii păcătuiesc deoarece trupul lor este păcătos. Păcatul nu are nicio legătură cu duhul din lăuntrul omului. De aceea, când Dumnezeu cheamă la El duhul nostru, trupul se va întoarce în țărână, deci, indiferent de câte păcate comite trupul, duhul nostru va fi mântuit."

Dar Cuvântul lui Dumnezeu ne spune că și după ce Îl primim pe Isus Christos ca Mântuitorul nostru, dacă continuăm să păcătuim, Duhul Sfânt va fi stins. Dacă comitem păcatul de a-L răstigni din nou pe Domnul, vom ajunge să nu ne mai putem pocăi.

Căci cei ce au fost luminați odată, și au gustat darul ceresc, și s-au făcut părtași Duhului Sfânt, și au gustat Cuvântul cel bun al lui Dumnezeu și puterile veacului viitor – și care totuși au căzut, este cu neputință să fie înnoiți iarăși, și aduși la pocăință, fiindcă ei răstignesc din nou pentru ei, pe Fiul lui Dumnezeu, și-l dau să fie batjocorit (Evrei 6:4-6).

Argumentul lui Nicola a fost o distorsionare a Cuvântului lui Dumnezeu. Nu putem pune în aplicare Cuvântul lui Dumnezeu decât prin muncă asiduă și prin tenacitate. Nicolaiții învățau că oamenii pot fi mântuiți chiar dacă păcătuiesc. Cei care iubeau lumea și trăiau în întuneric erau ispitiți cu ușurință. În timp ce încercau să se lepede de păcate, puteau fi înșelați cu ușurință și ademeniți din nou în lume.

Dacă cineva dă o astfel de învățătură și oamenii din biserică sunt de acord cu ea, curând, întreaga biserică va fi întinată de păcate. Azi, orice fel de lucrare care distorsionează cu șiretenie Cuvântul lui Dumnezeu și îi duce în eroare pe credincioși poate fi echivalată cu lucrarea pe care o făceau Nicolaiții.

Chiar dacă cineva are o poziție înaltă sau un titlu în biserică și este plin de Duhul așa încât atrage laudele multora, până nu atinge plinătatea duhului încă mai poate avea parte de lucrările Satanei și se poate lepăda de adevăr. De aceea, ar trebui să fim întotdeauna treji ca să nu cădem pradă încercărilor și ispitelor.

Ar trebui însă să fim atenți la un lucru. Desigur, este firesc să urâm lucrurile care sunt împotriva voii lui Dumnezeu. Însă ar trebui să putem discerne foarte bine aceste lucruri cu ajutorul Cuvântului lui Dumnezeu pentru a nu-L întrista pe Duhul Sfânt cu aroganța noastră. Dacă judecăm și condamnăm o biserică sau un pastor prin care Duhul Sfânt își arată lucrările, nu facem decât să construim un zid de păcat între noi și Dumnezeu.

Promisiunea pe care Dumnezeu o face celor care vor birui

După ce auzim Cuvântul, ar trebui să facem mai mult decât să îl acumulăm ca și cunoștință. Pentru a birui, trebuie îl sădim în inimile noastre, să îl lăsam să înmugurească și să culegem roada cu ajutorul Duhului Sfânt. În textul nostru, a birui înseamnă a redobândi dragostea dintâi și a trăi din nou potrivit adevărului.

Când primim Duhul Sfânt și ascultăm Cuvântul lui Dumnezeu, îl sădim în inimile noastre și îl punem în aplicare, vom birui lumea care este plină de păcate. Prin urmare, cei care „vor birui" sunt cei care își regăsesc dragostea dintâi. Domnul a făcut următoarea promisiune acestor oameni: „Îi voi da să mănânce din pomul vieții, care este în raiul lui Dumnezeu."

Roada pomului vieții este prezentă nu numai Rai ci și fiecare locaș din Împărăția Cerurilor, inclusiv Noul Ierusalim; de ce le-a promis Domnul că îi va lăsa să mănânce din pomul vieții care este în Rai? Aici, expresia „să mănânce din pomul vieții, care este în raiul lui Dumnezeu" poate avea două înțelesuri.

Un prim înțeles ar fi acela că vor merge în Rai, locul cel mai de jos din Împărăția Cerurilor. Împărăția Cerurilor conține locașuri distincte, împărțite pe categorii, care vor fi date fiecăruia potrivit măsurii sale de credință. Raiul este locașul dat răufăcătorului răstignit lângă crucea lui Isus care s-a căit. Deoarece credincioșii Bisericii din Efes își părăsiseră dragostea dintâi, când s‑au pocăit și s-au întors, au fost mântuiți ca prin foc.

Însă, chiar dacă își părăsiseră dragostea dintâi, dacă și-ar fi amintit de unde căzuseră, s-ar fi pocăit și ar fi continuat cu sârguință cursa alergării pe calea credinței, atunci ar fi putut primi locuințe mai bune în Cer. Dar, dacă ar fi rămas doar la nivelul la care și-au redobândit dragostea dintâi, ar fi primit doar mântuirea mai puțin onorabilă și s-ar fi dus în Rai.

Un al doilea înțeles ar fi acela că Raiul se referă în general la toată Împărăția Cerurilor. Acest mesaj nu a fost doar pentru Biserica din Efes, ci pentru toate bisericile. Dacă redobândim dragostea dintâi și intrăm în Împărăția Cerurilor, fiecare din noi va putea mânca din pomul vieții.

Dumnezeul dragostei dorește ca noi să ne întoarcem la

dragostea dintâi

Isus Christos este același ieri, azi și în veci; El îi iubește pe toți copiii lui Dumnezeu cu dragostea lui statornică. Cu toate acestea, uneori omenii părăsesc această dragoste a Domnului și se iau după poftele inimii lor și profitul personal, adică umblă după natura nestatornică a firii pământești. Dragostea lor dintâi se schimbă.

Dar Dumnezeul dragostei nu Își întoarce fața de la ei și nu îi învinovățește nici chiar pe acești oameni dacă ei se pocăiesc și se întorc la dragostea dintâi și la faptele dintâi. El nu Își mai aduce aminte de lucrurile din trecut, ci îi iubește cu aceeași inimă. Aceasta este inima lui Dumnezeu.

Biserica din Efes a fost lăudată de Domnul, dar a fost și avertizată solemn că El va lua sfeșnicul din locul lui. Acest lucru s-a datorat faptului că și-au părăsit dragostea dintâi.

Când a mustrat Biserica din Efes, Domnul nu a intenționat să îi sperie sau să îi nimicească. Intenția Lui a fost de a-i face să se pocăiască și să-și revină ca să poată birui în orice încercare și să poată locui împreună cu Dumnezeu în Împărăția Sa.

Voia lui Dumnezeu este ca copiii Săi să se lepede de păcate și să devină sfinți, iar măsura lor de credință să sporească în adevăr. Dar, până nu suntem sfințiți pe deplin, mereu vor exista ispite și încercări din partea Satanei. Deci, să nu uităm că, dacă o persoană nu veghează, ea poate avea oricând parte de încercări și își poate pierde dragostea dintâi.

Dacă avem o atitudine semeață și ne zicem în sine: „Am fost foarte credincios și sârguincios față de Domnul", atunci nu vom mai putea fi vreodată treziți din ațipire spirituală.

Chiar dacă am făcut lucruri bune, ar trebui să avem o inimă ca robii netrebnici, care să își spună: „Suntem niște robi netrebnici; am făcut ce eram datori să facem." Astfel, când Duhul Sfânt ne va conștientiza și sfătui, vom putea să ne pocăim și să ne întoarcem la dragostea dintâi și la faptele dintâi.

Să ne cercetăm acum să vedem dacă nu cumva ne-am părăsit dragostea dintâi pentru Dumnezeu și pentru Domnul și să ne asigurăm că dragostea noastră continuă să se adâncească pentru a-I fi plăcuți lui Dumnezeu.

CAPITOLUL 2

BISERICA DIN SMIRNA
- Biruință în încercările credinței

Biserica din Smirna a trecut prin multe suferințe, inclusiv martirajul lui Policarp. Această biserică ocupa un loc deosebit între cele șapte biserici. Credincioșii nu au primit laude sau mustrări, au primit doar sfaturi. Cu toate acestea, au primit promisiunea că, dacă trec prin multe suferințe și rămân credincioși până la capăt, vor primi cununa vieții.

Este un mesaj pentru acele biserici sau credincioși care suferă pentru numele Domnului și, totodată, pentru bisericile și credincioșii care merg în Coreea de Nord cu puterea lui Dumnezeu să își facă lucrarea într-un ținut în care evanghelia lipsește cu desăvârșire.

Apocalipsa 2:8-11

Îngerului Bisericii din Smirna scrie-i: „Iată ce zice Cel Dintâi și Cel de pe Urmă, Cel ce a murit și a înviat: «Știu necazul tău și sărăcia ta (dar ești bogat) și batjocurile din partea celor ce zic că sunt iudei, și nu sunt, ci sunt o sinagogă a Satanei. Nu te teme nicidecum de ce ai să suferi. Iată că diavolul are să arunce în temniță pe unii din voi, ca să vă încerce. Și veți avea un necaz de zece zile. Fii credincios până la moarte, și-ți voi da cununa vieții.» Cine are urechi să asculte ce zice bisericilor Duhul: „Cel ce va birui nicidecum nu va fi vătămat de a doua moarte."

MESAJUL DOMNULUI PENTRU BISERICA DIN SMIRNA

Îngerului Bisericii din Smirna scrie-i: Iată ce zice Cel Dintâi şi Cel de pe Urmă, Cel ce a murit şi a înviat (Apocalipsa 2:8).

Smirna este locul de naştere al lui Homer, poet din Grecia antică, autorul epopeelor Iliada şi Odisea. Mulţi evrei se stabiliseră în Smirna din vremuri străvechi. Acest oraş era şi un centru comercial, precum Efesul, şi era şi un loc plin de idolatrie, cu multe altare ridicate idolilor şi pentru venerarea împăratului.

La acea vreme, oamenii din Smirna îl numeau pe împăratul roman "Domn" şi credeau că exista doar un singur împărat în lume. Creştinii, însă, credeau şi mărturiseau că autoritatea supremă nu era împăratul roman, ci Isus Christos. Datorită acestui lucru, ei au trebuit să plătească cu viața. Cei aflați la conducerea orașului Smirna au colaborat cu guvernul roman și i-au persecutat aspru pe creștini.

Un guvernator i-a cerut lui Policarp, episcopul bisericii din Smirna și un ucenic de-al lui Ioan, să se lepede de Isus Christos și să mărturisească pe împăratul roman ca „Dominus" (adică Domn) măcar o dată. Policarp a refuzat vehement și a spus: „Domnul Isus nu s-a lepădat de mine niciodată în toată viața mea, cum aș putea să mă leapăd de Domnul meu?"

Ca și mulți alții care au mărturisit numele Domnului, el a fost ars pe rug. Flacăra care a ars pentru puțină vreme după care s-a stins nu a putut să îi mistuie credința.

Cel dintâi și cel de pe urmă, cel ce a murit și a înviat

Când Domnul a scris bisericii din Smirna, El S-a prezentat ca „Cel dintâi și cel de pe urmă, care a murit și a înviat".

În cartea Apocalipsa, găsim expresii similare cum ar fi „Alfa și Omega", „Cel dintâi și cel de pe urmă", „începutul și sfârșitul", însă semnificația lor este diferită (Apocalipsa 22:13).

În primul rând, „Alfa și Omega" înseamnă că Domnul este la

începutul şi la sfârşitul tuturor civilizaţiilor.

„Alfa" şi „Omega" sunt prima şi ultima literă din alfabetul grecesc folosit de Ioan când a scris cartea Apocalipsa. Litera „A", prima literă din alfabetul modern al limbii engleze, provine din prima literă a alfabetului grecesc, „alfa". Este la fel cu ultima literă „Z", „omega". Este folosită pe larg în cele mai multe limbi europene în zilele noastre.

Prin folosirea literelor dintr-o limbă literară, civilizaţia a progresat pentru că umanitatea şi-a putut exprima gândurile şi a putut transmite mai departe cunoştinţele şi înţelepciunea acumulată.

Dumnezeu este sursa cunoaşterii şi a înţelepciunii. Prin urmare, civilizaţia şi cultura au ajus să se dezvolte pentru că Dumnezeu a dat oamenilor înţelepciune şi cunoştinţă. Când Domnul revine pe pământ, dezvoltarea civilizaţiei moderne va lua sfârşit.

Prin faptul că a menţionat prima şi ultima literă din alfabet, care reprezintă civilizaţiile, Dumnezeu ne spune că Domnul este începutul şi sfârşitul tuturor civilizaţiilor.

Când spune că Domnul este începutul şi sfârşitul înseamnă că El este începutul şi sfârşitul cultivării umane. După cum este scris: „Toate lucrurile au fost făcute prin El; şi nimic din ce a fost făcut, n-a fost făcut fără El" (Ioan 1:3), Dumnezeu a creat toate lucrurile și a început cultivarea umană pe pământ prin Isus Christos și o va duce la bun sfârșit tot prin Isus Christos.

Ce înseamnă faptul că Domnul Se prezintă ca „Cel dintâi și Cel de pe urmă, Cel ce a murit și a înviat"?

„Cel dintâi" înseamnă că El este primul să învie. În Romani 5:12 găsim scris: „De aceea, după cum printr-un singur om a intrat păcatul în lume, și prin păcat a intrat moartea, și astfel moartea a trecut asupra tuturor oamenilor, din pricină că toți au păcătuit..." Toți descendenții lui Adam urmau să fie dați morții pentru totdeauna datorită legii spirituale care spune că „plata păcatului este moartea" (Romani 6:23).

Isus este unicul și singurul Fiu al lui Dumnezeu. El a fost răstignit în locul nostru și ne-a răscumpărat din păcat. Prin urmare, oricine Îl primește pe Isus Christos ca mântuitor poate primi iertare de păcate; poate fi răscumpărat de pe calea morții și poate primi mântuire. Datorită faptului că Isus a fost fără păcat, El a înviat a treia zi și a devenit primul rod al învierii.

„Cel de pe urmă" se referă la a doua venire a Domnului în văzduh. Când Domnul vine în văzduh, toată lucrarea de cultivare umană va lua sfârșit. La a doua venire a Domnului pe nori, cei care au crezut în Domnul şi au murit şi cei care Îl întâlnesc pe Domnul în viaţă vor fi pârga celor înviaţi.

Desigur, mai este şi „mântuirea ca prin foc" în timpul celor şapte ani ai Necazului cel mare. Însă, în cea mai mare parte, lucrarea de mântuire se va termina la a doua venire a Domnului în văzduh. La acel moment, activitatea Duhului Sfânt se va sfârşi. Prin urmare, „Cel de pe urmă" se referă la a doua venire a Domnului în văzduh – la acea vreme El va culege roadele învierii.

Domnul Isus, care este Cel dintâi şi Cel de pe urmă, a spus: „Am fost mort, şi iată că sunt viu". Acest lucru se referă la faptul că a înviat după ce a fost răstignit. Cu adevărat, Isus a murit şi a înviat şi acest lucru reprezintă esenţa vieţii noastre creştine.

După cum scrie în Romani 10:9: „Dacă mărturiseşti deci cu gura ta pe Isus ca Domn şi dacă crezi în inima ta că Dumnezeu L-a înviat din morţi, vei fi mântuit", doar când credem în învierea Domnului Isus putem primi mântuire.

Ucenicii şi primii creştini au fost martori la învierea Domnului

În ziua de azi, sunt mulţi oameni care doar frecventează biserica fără a fi siguri de învierea Domnului. Datorită faptului că nu sunt siguri de înviere, nu au nici credinţă să trăiască după

Cuvântul lui Dumnezeu.

Isus a demonstrat că El este Fiul lui Dumnezeu prin faptul că a făcut multe semne și minuni în timpul celor trei ani cât a fost cu ucenicii. De asemenea, le-a spus de dinainte că va fi răstignit și că va învia a treia zi, zdrobind puterea morții. Însă, când Isus a fost arestat și condamnat la moarte pe cruce, toți ucenicii au fugit de teamă. Chiar și Petru, care a mărturisit că ar fi preferat să moară decât să se lepede de Domnul, s-a lepădat totuși de El de trei ori. Aceasta s-a datorat faptului că, la acel moment, el nu primise încă Duhul Sfânt și nu putuse crede pe deplin în inima lui că Isus va învia.

Însă o mare schimbare s-a produs în ei. Ucenicii care au fugit de teamă au ajuns să mărturisească despre Isus Christos chiar dacă au trebuit să înfrunte moartea. Unii din ei au ajuns pradă leilor, altora li s-a tăiat capul, în timp ce alții au fost tăiați în două cu ferăstrăul. Unul din ucenici a cerut să fie răstignit cu capul în jos.

Au putut să mărturisească despre Domnul până la sfârșit, în pofida durerilor martirajului, pentru că L-au întâlnit pe Domnul Cel înviat. Fiind martori la învierea Domnului, aveau credință în înviere. Erau plini de speranță pentru Împărăția Cerurilor, astfel că își puteau sacrifica viața pentru Domnul, iar frica de moarte nu îi putea opri.

Pe lângă ucenici, și membrii din biserica primară au fost martori la învierea și la ridicarea la Cer a Domnului. Aveau și ei nădejdea învierii și speranță. Pentru că și-au sacrificat viețile, creștinismul s a răspândit repede în pofida persecuției severe din partea Imperiului Roman, iar în final creștinismul a devenit religia de stat a Imperiului Roman.

Confruntați cu astfel de persecuții severe, dacă nu ar fi fost martori și nu ar fi avut nădejdea învierii, cum și-ar fi putut menține credința până la sfârșit? Au putut predica Evanghelia cu îndrăzneală pentru că au fost martori la învierea Domnului și nu vorbeau despre înviere din auzite.

În Marcu 16:20 citim: „Iar ei au plecat și au propovăduit pretutindeni. Domnul lucra împreună cu ei și întărea Cuvântul prin semnele care-l însoțeau." Deoarece semnele și minunile nu erau posibile prin putere omenească, oamenii credeau spusele acestora.

Istoria atestă învierea Domnului

Istoria atestă că Isus a existat. Astfel, vedem că istoria lumii se împarte în î.Hr (înainte de Hristos) și d.Hr. (după Hristos).

Dacă ne uităm la faptul că istoria este, în mare, împărțită în două ere, înainte de nașterea lui Christos și după nașterea lui Christos, este clar că Isus a venit pe pământ. Mai mult, pe lângă nașterea lui Isus, istoria poporului Israel dovedește răstignirea și învierea lui Isus.

Israelul, la vremea nașterii lui Isus, era sub stăpânire romană, iar nașterea și învierea lui Isus au fost documentate de istorici. Pilat, guvernatorul roman care Îl condamnase pe Isus să fie răstignit, a documentat acest incident și a trimis un raport detaliat la împăratul roman. Acest raport este păstrat în Hagia Sophia în Istanbul, Turcia. Chiar dacă avem doar câteva dovezi, putem crede că învierea lui Isus este o realitate și putem avea nădejdea învierii.

Mesajul pentru biserica din Smirna se aplică și pentru bisericile și credincioșii care sunt în situații similare cu biserica din Smirna.

Îndemnul adresat bisericii din Smirna se aplică și situațiilor din ziua de azi

Mesajul pentru biserica din Smirna este relevant și pentru cei care merg și fac lucrarea plină de putere a lui Dumnezeu în țări unde este interzisă evanghelizarea, cum ar fi Coreea de Nord. Au trecut mai bine de cincizeci de ani de la războiul coreean, însă sunt mulți coreeni atât din nord cât și din sud care au părinți, frați și alte rude în cealaltă parte a peninsulei coreene.

Apostolul Pavel a avut o dorință arzătoare să își vadă poporul mântuit, după cum mărturisește în Romani 9:3: „Căci aproape să doresc să fiu eu însumi anatema, despărțit de Hristos, pentru frații mei, rudele mele trupești". Dorința aceasta izvora din faptul că avea o dragoste fierbinte și râvnă pentru neamul său și cunoștea dorința arzătoare a inimii lui Dumnezeu pentru poporul Său ales.

Tot astfel, când se deschide ușa pentru a face misiune în Coreea de Nord, coreenii din sud vor avea multă râvnă pentru Coreea de Nord. Mulți misionari și lucrători vor intra în Coreea de Nord pentru a predica Evanghelia. Când ajung acolo, se vor confrunta cu dificultăți economice sau alte situații la care se așteptau; nu doar persecuții, ci s-ar prea putea să fie martirizați.

Cu trecerea timpului, persecuția va crește. Misionarii vor trebui să decidă dacă vor să rămână acolo sau să se întoarcă în Coreea de Sud. Însă, în orice situație s-ar afla, dacă au o inimă măreață, circumstanțele nu-i vor influența.

Aici, „a avea o inimă măreață" înseamnă că au fost umpluți cu nădejdea Împărăției Cerurilor. Sunt plini de credință și de Duhul și își așteaptă răsplata pe care o vor primi în Împărăția Cerurilor. După cum scrie în 2 Corinteni 6:10 – „ca niște întristați, și totdeauna suntem veseli; ca niște săraci, și totuși îmbogățim pe mulți; ca neavând nimic, și totuși stăpânind toate lucrurile". Când au măreție în inimă de la Dumnezeu, ei pot să împlinească voia și planul Lui pe deplin.

Suferințe într-o țară în care Evanghelia nu este bine primită

Surprinzător, chiar și între misionarii din Coreea de Nord, sunt oameni care se împotrivesc lucrării lui Dumnezeu. În loc să lucreze împreună să predice Evanghelia, ei tulbură lucrarea lui Dumnezeu.

Pe vremea lui Isus, marii preoți, preoții și cărturarii erau invidoși pe El pentru că făcea semne și minuni mari și predica Evanghelia Împărăției Cerurilor. Aceștia L-au judecat prin prisma înțelegerii lor cu privire la Lege iar, în final, L-au omorât.

Așa sunt anumiți oameni din Coreea de Nord. Când alți misionari predică Cuvântul vieții cu semne și minuni, acești misionari îi vor tulbura și le vor crea dificultăți. Cu toate acestea, dacă fac față acestor încercări cu bunătate, credință și dragoste, cu cât încercarea va fi mai mare, cu atât și puterea lui Dumnezeu va fi mai mare.

Dumnezeu ne-a spus că vor fi atât împotriviri de la alți misionari, cât și persecuții la nivel național care vor fi mai grele. La avea vreme, Coreea de Nord va trebui să-și deschidă porțile, iar mulți oameni vor merge acolo cu dorința să evanghelizeze.

În curând, însă, Coreea de Nord își va închide porțile ca să-și mențină propriul lor sistem de guvernare. Vor crede că unul dintre lucrurile care le amenință sistemul de guvernare este puterea lui Dumnezeu.

Unii misionari nu numai că vor predica Evanghelia, ci vor face și minuni și lucrări puternice ale lui Dumnezeu care nu pot fi făcute prin putere omenească. Prin urmare, guvernul îi va monitoriza. Mai târziu, însă, lucrările pline de putere vor lua amploare, iar cei din conducere vor simți nevoia să-i persecute pe slujitorii lui Dumnezeu pentru a-i opri.

În final, vor închide biserica unde se manifestă puterea lui Dumnezeu. Vor condamna la închisoare pe misionarii și pe lucrătorii bisericii și vor găsi motive pentru a-i executa. Dacă i-ar executa pe acești misionari și lucrători doar din motive religioase, vor atrage multă publicitate negativă din partea lumii și se vor confrunta cu o opoziție puternică. Astfel, slujitorii lui Dumnezeu vor trebui să sufere în închisori până când oficialitățile nord coreene pot inventa motive plauzibile.

Apocalipsa 2:10 spune: „Nu te teme nicidecum de ce ai să suferi. Iată că diavolul are să arunce în temniță pe unii din voi, ca să vă încerce. Și veți avea un necaz de zece zile. Fii credincios până la moarte, și-ți voi da cununa vieții."

Aceasta nu înseamnă că ei vor suferi exact zece zile în închisoare, ci că perioada în care guvernul din Coreea de Nord va găsi motive să-i execute este exprimată prin expresia „zece zile".

Răsplata și onoarea primită de martiri

Oamenii din Coreea de Nord vor vedea aceste martiraje și mulți dintre ei vor predica la rândul lor Evanghelia în spiritul martirajului.

Este important să fie trimiși oameni în Coreea de Nord ca să predice Evanghelia. Însă, ar avea un impact mai mare dacă nord coreenii înșiși ar crește în credință și ar predica Evanghelia în spiritul martirajului. Martirajul unor astfel de oameni îi va încuraja pe oamenii de acolo să predice Evanghelia.

Nu toți misionarii din Coreea de Nord vor deveni martiri. Doar puțini din ei vor fi martirizați. Va fi decizia lor și pot evita martirajul dacă doresc.

Nu este ușor ca cineva să devină martir în numele Domnului. Dacă cineva învinge în mijlocul încercărilor și persecuțiilor, având bucurie și mulțumire asemenea apostolului Pavel, atunci gloria, răsplata și lauda primită în Împărăția Cerurilor va fi foarte mare. Răsplata pentru martiraj va fi și ea mare și persoana va primi o răsplată pentru multele suflete care au fost mântuite datorită martirajului ei.

Prin urmare, când cineva își amintește ce lucru măreț este să fii credincios până la moarte într-o țară care din care lipsește Evanghelia, acest om se va uita doar la slava și la răsplata pe care le va primi în Împărăția Cerurilor și va învinge în tot felul de încercări și persecuții.

Îndemnul Domnului pentru biserica din Smirna

Ştiu necazul tău şi sărăcia ta (dar eşti bogat) şi batjocurile din partea celor ce zic că sunt iudei, şi nu sunt, ci sunt o sinagogă a Satanei. Nu te teme nicidecum de ce ai să suferi. Iată că diavolul are să arunce în temniţă pe unii din voi, ca să vă încerce. Şi veţi avea un necaz de zece zile. Fii credincios până la moarte, şi-ţi voi da cununa vieţii (Apocalipsa 2:9-10).

Dintre cele şapte biserici, doar biserica din Smirna a primit numai îndemn, fără nicio laudă sau mustrare. Însă mesajul dat bisericii din Smirna este foarte important. Ne spune de ce trebuie să trecem prin teste şi încercări, ce este o sinagogă a Satanei şi cine sunt cei ce vor primi cununa vieţii.

Biserica din Smirna a avut de suferit datorită sărăciei și încercărilor

Domnul a știut necazurile și sărăcia cu care se confrunta biserica din Smira și a spus îngerului ei: „dar ești bogat". Sunt oameni care au trăit în sărăcie înainte de a-L primi pe Domnul, însă, după ce Îl acceptă pe Domnul și continuă să meargă pe calea credinței, Dumnezeu îi protejează și acum pot duce o viață îmbelșugată.

De ce a trecut biserica din Smirna prin încercări și sărăcie, deși oamenii de acolo credeau în Domnul? Încercările prin care trec credincioșii par asemănătoare cu cele prin care trec necredincioșii, dar în realitate sunt foarte diferite. Prin suferințele prin care trecem când suntem în Domnul, când ieșim biruitori prin credință, sufletului nostru îi merge bine. Vom primi binecuvântările lui Dumnezeu și vor fi păstrate ca răsplăți cerești.

După cum vedem în cazul bisericii din Smirna, sunt două feluri majore de încercări pentru credincioși. Un fel se datorează credinței în Domnul, iar celălalt se datorează faptului că nu trăim după Cuvântul lui Dumnezeu.

Însă, unii oameni cred că suferă în numele Domnului, când de fapt ei suferă pentru că nu trăiesc după Cuvântul lui Dumnezeu.

De asemenea, sunt oameni care îşi pricinuiesc siguri necazuri pentru că nu se poartă cu înţelepciune, dar care cred că sunt persecutaţi pentru Domnul. Astfel, ei nu încearcă să adreseze adevărata problemă.

Încercări datorită credinţei în Isus Christos

Cei care suferă necazuri în numele Domnului suferă pentru neprihănire. În acest caz Dumnezeu va răsplăti suferinţele cu binecuvântări. De exemplu, pot fi persecuţii din partea celor necredincioşi din familie sau din partea altor oameni din jurul nostru. De asemenea, putem avea parte de persecuţii la şcoală sau la locul de muncă din partea colegilor necredincioşi.

De exemplu, în weekenduri obişnuiam să ieşim la picnic sau la iarbă verde cu cei din familie. Însă, de când am început să mergem la biserică, frecventăm biserica regulat, în fiecare duminică. Ca rezultat, membrii familiei noastre se pot supăra sau pot fi dezamăgiţi şi pot să ne nedreptăţească. În acest gen de situaţii, dacă le arătăm dragoste şi îi slujim, în cele din urmă, Dumnezeu le va atinge inima să primească Evanghelia. Atunci, în mod firesc, persecuţia va înceta.

Pe de altă parte, dacă încă experimentăm astfel de persecuţii deşi am dus o viaţă creştină de mulţi ani, trebuie să vedem dacă nu cumva noi suntem de vină pentru că nu ne purtăm cu înțelepciune.

Putem fi umpluți de Duhul Sfânt, dar uneori, dacă nu avem stăpânire de sine și vorbim fără înțelepciune, putem să îi supărăm pe cei din familie. Dacă ne purtăm cu înțelepciune, putem evita aceste persecuții din partea familiei.

Când nu ne confruntăm cu acest fel de persecuții, apar alt gen de persecuții prin care au trecut și oameni ai lui Dumnezeu ca Moise, Ilie, Ieremia, Isaia și alți profeți, precum și apostolii Pavel, Petru și Ioan care L-au iubit pe Dumnezeu foarte mult și au fost iubiți de Dumnezeu. Toți au fost persecutați pentru Domnul, pentru Împărăția lui Dumnezeu și pentru alți oameni. Aceștia au îndurat de bună voie până la sfârșit.

În Matei 5:11-12 citim: „Ferice va fi de voi când, din pricina Mea, oamenii vă vor ocărî, vă vor prigoni și vor spune tot felul de lucruri rele și neadevărate împotriva voastră! Bucurați-vă și înveseliți-vă, pentru că răsplata voastră este mare în ceruri; căci tot așa au prigonit pe prorocii care au fost înainte de voi." După cum vedem, ei s-au uitat la răsplata pe care urmau să o primească în Cer și nu li s-a părut greu, nu erau fricoși, sfioși sau rușinați, ci mai degrabă erau plini de bucurie.

Încercări cauzate de acuzațiile lui Satan că nu trăim după Cuvânt

Putem avea parte de necazuri pentru că nu trăim după adevăr și după Cuvântul lui Dumnezeu și prin urmare Satan ne acuză.

Când Îl primim pe Isus Christos ca Mântuitor și devenim copii ai lui Dumnezeu, devenim cetățeni ai Împărăției Cerurilor (Filipeni 3:20). Din acest moment, trebuie să ne supunem legii Împărăției Cerurilor ca cetățeni ai acesteia. Doar atunci vom putea fi protejați și vom putea fi binecuvântați din belșug.

Pe de altă parte, dacă încălcăm legea lui Dumnezeu, dușmanul diavolul ne poate acuza. Din punctul lui de vedere, noi eram cândva copiii lui. Însă, din moment ce L-am primit pe Domnul și am deveni copiii lui Dumnezeu, el încearcă să ne atragă din nou de partea lui. De aceea, de câte ori are ceva împotriva noastră, încearcă să ne acuze și să ne aducă încercări și necazuri.

Unii oameni care suferă din acest motiv au o înțelegere greșită și li se pare că Dumnezeu trimite necazuri.

Însă, în Iacov 1:13 citim că „Nimeni, când este ispitit, să nu zică: «Sunt ispitit de Dumnezeu». Căci Dumnezeu nu poate fi ispitit ca să facă rău, și El însuși nu ispitește pe nimeni". După cum vedem, Dumnezeu nu ne ispitește și nu ne creează greutăți.

Motivul pentru care suferim de pe urma încercărilor şi necazurilor este că suntem ispitiţi de propriile dorinţe (Iacov 1:14), încălcăm legea lui Dumnezeu şi păcătuim. În această lume, dacă încălcăm legea vom fi pedepsiţi. În acelaşi mod, când încălcăm legea lui Dumnezeu, vom primi o retribuţie pe măsură.

Din cauză că Dumnezeu este drept, El nu ne poate proteja de acuzaţiile celui rău când păcătuim, chiar dacă suntem copiii Săi. În fond, duşmanul este acela care aduce încercări şi necazuri în calea noastră, dar în dragostea Lui, Dumnezeu permite aceste acuzaţii.

În Iacov 1:15 scrie: „Apoi pofta, când a zămislit, dă naştere păcatului; şi păcatul, odată făptuit, aduce moartea", iar în Romani 6:23 citim: „Fiindcă plata păcatului este moartea, dar darul fără plată al lui Dumnezeu este viaţa veşnică în Isus Hristos, Domnul nostru". Deci, dacă Dumnezeu îi lasă pe copiii Lui să facă ce vor şi merg pe calea morţii, ce se va întâmpla?

Dumnezeu doreşte să îi vadă pe copiii Săi cum se întorc de pe calea pierzării, chiar dacă e nevoie să îi pedepsească, dacă este cea mai bună cale. Dumnezeu permite încercări şi necazuri asupra copiilor Lui care vin datorită acuzaţiilor lui Satan.

Versetele din Evrei 12:5-6 ne vorbesc despre dragostea lui

Dumnezeu: „Şi aţi uitat sfatul pe care vi l dă ca unor fii: «Fiule, nu dispreţui pedeapsa Domnului şi nu-ţi pierde inima când eşti mustrat de El. Căci Domnul pedepseşte pe cine-l iubeşte şi bate cu nuiaua pe orice fiu pe care-l primeşte»".

Prin urmare, dacă trecem prin suferinţe, trebuie să ne uităm la cauze. Dacă am făcut ceva rău, trebuie să ne pocăim repede şi să nu mai facem acel lucru ca să putem primi binecuvântările lui Dumnezeu din nou.

Cauzele sărăciei

Biserica din Smirna a suferit nu numai de pe urma încercărilor ci şi din cauza sărăciei. Atunci când ne punem credinţa în Dumnezeu şi venim la Domnul, suntem binecuvântaţi cu sănătate şi bunăstare pe măsură ce sufletului nostru îi merge bine. Însă, uneori, credincioşii suferă datorită sărăciei ca şi în cazul bisericii din Smirna.

Deşi lucrăm mai mult decât înainte să credem în Domnul, s-ar putea să avem parte de persecuţii la locul de muncă sau s-ar putea să fim trataţi nedrept. În unele cazuri, dacă nu putem sfinţi ziua Domnului cât timp lucrăm la o companie, va trebui să ne dăm demisia şi să mergem în alt loc de muncă.

Din aceste motive, putem avea şi dificultăţi financiare. Însă, deoarece apar datorită credinței în Dumnezeu, ele nu vor dura mult. Chiar dacă cealaltă persoană continuă să ne persecute, dacă suntem buni cu ea tot timpul, va înceta. În final, Domnul ne va răsplăti cu binecuvântări din abundență.

În afară de aceasta, există sărăcie rezultată din propria alegere. Să presupunem că aveți posibilitatea de a vă bucura de multe lucruri. Însă, pentru că Îl iubim pe Dumnezeu, nu le folosim pentru noi, ci pentru Împărăția lui Dumnezeu. Alegem voluntar să fim într-o situație în care trăim în lipsuri dar cu mulțumire.

Cum permite Dumnezeu unei astfel de persoane să rămână în astfel de condiții? El ne va da multe răsplăți în Cer. Chiar și aici pe pământ, El va face ca sufletului nostru să îi meargă bine și ne va da sănătate, prin urmare, suntem bogați.

„Dar ești bogat"

În 2 Corinteni 8:9 citim: „Căci cunoașteți harul Domnului nostru Isus Hristos. El, măcar că era bogat, S-a făcut sărac pentru voi, pentru ca, prin sărăcia Lui, voi să vă îmbogățiți". Isus este Fiul lui Dumnezeu și are toate bogățiile, însă S-a născut într-un staul și a fost culcat într-o iesle.

În timp ce trăia pe pământ, a flămânzit uneori, iar alteori nu avea unde să-Și pună capul și a dormit în pustiu. A făcut aceste lucruri pentru a ne răscumpăra pe noi din sărăcie. Prin urmare, noi, care credem în Domnul, nu trebuie să fim săraci, ci trebuie să Îi dăm slavă lui Dumnezeu pentru bogățiile pe care le avem.

Însă, nu toți copiii lui Dumnezeu vor deveni bogați necondiționat. După cum citim în Deuteronom capitolul 28, trebuie să ascultăm Cuvântul Lui și să ținem poruncile pentru a fi binecuvântați.

Dacă vei asculta de glasul Domnului Dumnezeului tău păzind și împlinind toate poruncile Lui pe care ți le dau astăzi, Domnul Dumnezeul tău îți va da întâietate asupra tuturor neamurilor de pe pământ. Iată toate binecuvântările care vor veni peste tine și de care vei avea parte, dacă vei asculta de glasul Domnului Dumnezeului tău: Vei fi binecuvântat în cetate și vei fi binecuvântat la câmp. Rodul pântecelui tău, rodul pământului tău, rodul turmelor tale, fătul vacilor și oilor tale, toate acestea vor fi binecuvântate. Coșnița și postava ta vor fi binecuvântate. Vei fi binecuvântat la venirea ta și vei fi binecuvântat la plecarea ta (Deuteronomul 28:1-6).

Dacă trăim cu adevărat după Cuvântul lui Dumnezeu și facem fapte în lumină, nu putem avea parte de necazuri și încercări, iar dacă ne lovim de ele, vor dispărea repede.

Mai presus de toate, Împărăția Cerurilor este pregătită pentru copiii lui Dumnezeu care sunt mântuiți. De asemenea, pe măsură ce le merge bine sufletelor lor, le va merge bine și în viața de pe pământ. Prin urmare, suntem mai bogați decât toți ceilalți.

Cei care spun că sunt Iudei, dar nu sunt

Din perspectivă istorică, mulți iudei s-au stabilit în Smirna. Ei au colaborat cu guvernul roman și au omorât mulți creștini.

Inițial, evreii au fost cei aleși de Dumnezeu. Însă, pe vremea lui Isus, evreii au fost cei care nu L au recunoscut pe Isus ca Fiul lui Dumnezeu și L-au persecutat.

Marii preoți, preoții și cărturarii care erau liderii evreilor erau invidioși pe Isus pentru că El făcea lucrările prin puterea lui Dumnezeu și predica Evanghelia Împărăției Cerurilor. Ei L-au judecat și L-au condamnat pe Isus prin prisma înțelegerii pe care o aveau cu privire la Lege. În final L-au răstignit.

Chiar și azi, printre credincioșii în Domnul, se găsesc oameni care perturbă lucrarea lui Dumnezeu. Deși frecventează biserica, când lucrurile nu sunt după părerile și credința lor, ei judecă și condamnă. De asemenea, devin invidioși și îi urăsc pe alții.

După cum am citit – „celor ce zic că sunt Iudei, și nu sunt, ci sunt o sinagogă a Satanei" – Domnul le spune acestora că nu sunt iudei. Aceasta înseamnă că nu pot fi numiți copii ai lui Dumnezeu.

Observăm că, pe din afară, par să aibă credință și par a fi buni dar, dacă Dumnezeu nu le recunoaște credința și neprihănirea, nu le ajută la nimic. Chiar dacă ei continuă să spună că sunt copiii lui Dumnezeu, dacă vorbele și faptele lor nu sunt cum ar trebui să fie faptele copiilor lui Dumnezeu, sunt ca și cei care spun că sunt iudei dar nu sunt. Toate lucrurile vor fi date la iveală la Judecata de apoi.

De fapt, nu trebuie să așteptăm până la Judecata de apoi pentru că putem vedea rodul vieții lor. Dacă sunt oameni ai lui Dumnezeu, trebuie să aducă roadele Duhului Sfânt. Ei ar trebui să iubească adevărul, să se iubească unii pe alții, să trăiască în pace cu toți oamenii și să aducă roada produsă de fapte bune și vorbe frumoase.

Dacă roadele sunt invidie, gelozie, judecată, condamnare, ură și ceartă, acestea sunt lucrarea lui Satan. Când există doi sau mai mulți oameni care fac astfel de lucruri de la Satan, atunci se numește o „sinagogă a Satanei".

Sinagogile Satanei tulbură Împărăția lui Dumnezeu

Astăzi, din cauza acestor sinagogi ale Satanei, multe biserici trec prin dificultăți.

În Efeseni 1:23 citim că biserica este trupul lui Christos. Biserica, pe care El a răscumpărat-o cu sângele Lui, este trupul Domnului. În 1 Corinteni 12:27 citim: „Voi sunteți trupul lui Hristos, și fiecare, în parte, mădularele lui". După cum vedem, liderii și membrii bisericii fac parte din trupul Domnului.

Dacă fiecare parte a trupului devine geloasă și se ceartă cu alta, ce se va întâmpla oare? Tot astfel, bisericile trebuie să fie unite în dragoste. Dacă sunt certuri între părțile trupului, Duhul Sfânt nu poate lucra. Dragostea se va răci în biserică. Focul rugăciunilor va fi stins, iar în final trezirea va înceta. O cauză majoră a acestui lucru este apariția sinagogii Satanei.

Lucrul important este că sinagogile Satanei sunt mult mai aproape de noi decât credem. Un exemplu în acest sens este situația în care auzim neadevăruri și vorbe calomniatoare și, fără să ne gândim prea mult, dăm dreptate acelei persoane.

Nu ne dăm acordul cu o atitudine de răutate, ci doar încuviințăm într-o oarecare măsură. Acest lucru contribuie la crearea și răspândirea zvonurilor false.

Până când nu ne lepădăm complet de toate formele de răutate din noi, nu ne dăm seama că avem minți întinate. Prin urmare, în funcție de ce persoane întâlnim și în ce situație ne aflăm, răul din noi poate ieși la iveală în orice moment.

Unii oameni au obiceiul să își exprime nemulțumirea și

resentimentele cu voce tare. Chiar și în momentele în care ar trebui să fie uniți în simțăminte, vorbesc mereu împotrivitor pe motiv că nu agreează cu opinia celorlalți. Însă nu își dau seama ce fac.

Acești oameni caută tacit pe cei care să fie de acord cu ideile lor. Dacă stăm la discuții și suntem de acord cu acești oameni fără să ne gândim, am putea deveni parte din sinagoga Satanei fără să știm. Nu trebuie să cădem de acord cu niciun cuvânt neadevărat, ci mai degrabă trebui să îi trezim pe acești oameni prin adevăr.

Întunericul dispare când apare lumina. Dacă nu vedem decât lucruri bune, nu ne plecăm urechea decât la ce e bun, dacă vorbim și gândim lucruri bune, sinagoga Satanei nu poate rămâne în biserică. Cei care fac parte din ea vor pleca de bună voie.

Biserica din Smirna va avea de suferit

Domnul a spus bisericii din Smirna că va avea de suferit dar să nu se teamă. El le-a spus: „Iată că diavolul are să arunce în temniță pe unii din voi, ca să vă încerce. Și veți avea un necaz de zece zile" (v. 10).

Până când nu ne sfințim, avem de trecut prin tot felul de încercări și suferințe, dar nu trebuie să ne temem. Toate acestea sunt menite a ne aduce bogății spirituale și materiale. Este calea care ne conduce spre viața veșnică.

Nu trebuie să ne temem de încercările şi persecuţiile prin care trecem în numele Domnului ci mai degrabă să ne bucurăm. Chiar şi în cazul în care aceste încercări şi necazuri vin datorită faptului că nu trăim încă după adevăr, trebuie să ne bucurăm şi să aducem mulţumiri.

În Iacov 1:2-4 citim: „Fraţii mei, să priviţi ca o mare bucurie când treceţi prin felurite încercări, ca unii care ştiţi că încercarea credinţei voastre lucrează răbdare. Dar răbdarea trebuie să-şi facă desăvârşit lucrarea, ca să fiţi desăvârşiţi, întregi şi să nu duceţi lipsă de nimic". După cum scrie, prin încercări vom fi făcuţi desăvârşiţi şi nu vom duce lipsă de nimic.

Domnul a spus că unii din credincioşii bisericii din Smirna vor fi aruncaţi în închisoare şi aceasta este lucrarea diavolului.

Mulţi credincioşi nu fac diferenţa clară între Satan şi diavolul aşa cum Biblia face.

Rolul lui Satan şi al diavolului

Pe scurt, Satan este inima lui Lucifer, capul tuturor duhurilor rele. Diavolul este un duh sub stăpânirea lui Satan şi fiecare dintre ei au roluri diferite.

Satan lucrează prin gândurile oamenilor și le dă gânduri rele. El agită inima de neadevăr. După ce o persoană primește lucrările lui Satan prin gândurile sale, diavolul vine și o face pe persoana respectivă să pună în aplicare acele gânduri.

Mai precis, când lucrarea lui Satan de la nivelul gândurilor se manifestă prin fapte, spunem că este „lucrarea diavolului".

De exemplu, să presupunem că cineva ne vorbește de rău și ne critică. Atunci, Satana ne aduce gânduri rele și de ură, cum ar fi „Nu mai pot suporta. O să-l critic eu mai tare sau chiar o să-l lovesc!"

Dacă este doar un gând rău, este lucrarea lui Satan, dar dacă gândul se materializează în faptă, cum ar fi blestemarea sau vătămarea altei persoane, atunci este lucrarea diavolului.

În Luca 22:3 citim: „Dar Satana a intrat în Iuda, zis și Iscarioteanul, care era din numărul celor doisprezece". Înseamnă că Satana i-a acaparat gândurile și că în mintea lui s-a înfiripat gândul: „Îl voi vinde pe Isus pentru bani".

În Ioan 13: 2 vedem că „În timpul Cinei, după ce diavolul pusese în inima lui Iuda Iscarioteanul, fiul lui Simon, gândul să-L vândă".

Aceasta nu înseamnă că diavolul a lucrat prin intermediul gândurilor, ci că a acaparat deja inima lui Iuda complet. Din moment ce diavolul i-a acaparat inima, Iuda a ajuns să facă rău, adică să-L vândă pe Isus.

Desigur, Satana nu poate pune gânduri în mintea oamenilor după cum vrea. În cazul lui Iuda, acesta i-a permis Satanei să-i infiltreze mintea pentru că inima lui era rea, iar în final a făcut un lucru rău, şi-a vândut Stăpânul.

În 1 Ioan 3:8 vedem că „Cine păcătuieşte este de la diavolul". Aici, a păcătui implică o acţiune. De aceea, Isus care ştia asta, le-a spus: „Nu v-am ales Eu pe voi cei doisprezece? Şi totuşi unul din voi este un drac" (Ioan 6:70). Isus a spus că Iuda Iscarioteanul, care urma să Îl vândă pe Isus, era un drac.

Tot astfel, este lucrarea diavolului să ne facă să păcătuim, iar cei ce trăiesc în păcat devin copii ai diavolului.

Prin urmare, când spune „Iată că diavolul are să arunce în temniţă pe unii din voi, ca să vă încerce", aceasta înseamnă că diavolul va acapara inima unor oameni răi ca să-i incite să facă rău. „Închisoarea" este locul în care oamenii sunt trimişi să-şi ispăşească pedeapsa pentru relele comise. Faptul că există o închisoare înseamnă că este o lege şi cineva care supraveghează aplicarea acesteia.

Pedeapsa diferă în funcţie de gravitatea păcatului şi măsura de credinţă

Chiar și în această lume, există legi și suntem judecați în funcție de gravitatea faptei. Tot astfel, în lumea spirituală, când trăim după adevăr, vom fi protejați de Dumnezeu, dar când ne abatem de la el, dușmanul diavolul și Satana vor aduce încercări și necazuri, ceea ce înseamnă că vom plăti pentru păcate.

Sunt anumite pedepse pentru lucrările firii, care sunt păcatele vădite prin fapte. La aceasta se referă pasajul: „Iată că diavolul are să arunce în temniță pe unii din voi, ca să vă încerce".

Aceste încercări și necazuri diferă în funcție de gravitatea păcatului dar depind și de măsura de credință a fiecăruia. Pedeapsa pentru același păcat va fi diferită pentru diferite persoane, în funcție de măsura lor de credință.

Astfel, în Luca 12: 47-48 citim: „Robul acela, care a știut voia stăpânului său, și nu s-a pregătit deloc și n-a lucrat după voia lui, va fi bătut cu multe lovituri. Dar cine n-a știut-o, și a făcut lucruri vrednice de lovituri, va fi bătut cu puține lovituri. Cui i s-a dat mult, i se va cere mult; și cui i s-a încredințat mult, i se va cere mai mult".

„Cei care au primit mult" se referă la cei care au credință mai mare. Pe de altă parte, cei care nu cunosc bine voia stăpânului au o credință mică. Dumnezeu va cere mai mult de la cei care știu voia stăpânului dar nu o fac, adică de la cei care au o măsură mai mare de credință dar nu fac voia lui Dumnezeu.

În Iacov 3:1 citim: „Frații mei, să nu fiți mulți învățători, căci știți că vom primi o judecată mai aspră". Dacă avem o credință mai mare decât alții și am devenit învățători, este de la sine înțeles că va trebui să trăim după Cuvântul lui Dumnezeu. În caz contrar, s-ar putea să avem parte de încercări și necazuri. Severitatea încercărilor va fi diferită în funcție de măsura de credință. În unele cazuri, încercările vor înceta în momentul în care ne pocăim și ne lăsăm de ele. În alte cazuri, chiar dacă ne pocăim, vor fi consecințe.

În cazul împăratului David, care era un om după inima lui Dumnezeu, acesta a luat soția unui om loial din subordinea lui după care l-a trimis pe linia dintâi de luptă ca să-l omoare. Datorită acestui fapt, chiar și după ce s-a pocăit, a avut mari dificultăți. A trebuit să fugă de fiul său, Absalom. A avut parte de multă întristare. Din cauză că a avut o credință mare și pedepsele primite au fost mari.

Cele „zece zile" se referă la toate aceste teste și încercări. Numărul zece este un număr întreg în sistemul zecimal. Înseamnă „tot felul". Prin urmare, cele zece zile simbolizează tot felul de încercări prin care putem trece aici pe pământ.

Cum putem ieși din încercări

Biblia ne arată toate modurile prin care putem fi

binecuvântați și cum vom avea de suferit de pe urma încercărilor și necazurilor.

Unii credincioși spun că au credință, dar încă păcătuiesc și nu țin tot Sabatul, nu dau zeciuiala pe deplin –lucruri care sunt de bază în viața creștină. Astfel ajung să aibă parte de diferite teste și încercări. Desigur, nu înseamnă că vom fi protejați de toate doar pentru că ținem Sabatul și dăm zeciuială.

În cazul celor abia veniți la credința creștină, care țin ziua Domnului și dau zeciuială, Dumnezeu va considera aceste lucruri drept credință și îi va proteja. Însă, lucrurile stau diferit cu cei care ar trebui să aibă deja o măsură considerabilă de credință. Pe măsură ce credința lor se mărește, faptele lor trebuie să fie mai desăvârșite.

Însă, pe măsură ce credința lor crește, vor întâmpina încercări și teste care îi vor conduce la o credință mai mare. Prin urmare, trebuie să rămână ancorați în adevăr complet.

Nu trebuie să rostim vorbe neadevărate care îi permit Satanei să ne acuze. Trebuie să încercăm să trăim în pace și în sfinţenie cu toți. Aceasta este din cauză că, pe măsură ce credința noastră crește, Satana va încerca să ne acuze chiar cu lucruri mărunte pentru a ne tulbura.

Mai presus de orice, lucrul cel mai important este să ne pocăim de păcatele noastre şi să dăm la o parte zidul de păcate dintre noi şi Dumnezeu. Apoi, trebuie să ne îndepărtăm de păcate şi să lucrăm cu credincioşie pentru Împărăţia lui Dumnezeu. Dumnezeu nu doreşte credincioşie firească, ci o credincioşie spirituală.

Când a spus celor din biserica din Smirna să rămână credincioşi până la moarte, Isus nu se referea doar la credincioşia de a-şi sacrifica viaţa, ci şi la credincioşia spirituală. Atunci, ce înseamnă a fi credincios până la moarte?

A fi credicios până la moarte este credinţa martirajului

De exemplu, dacă un demnitar este credincios regelui unei ţări, aceasta înseamnă că îşi poate da viaţa pentru rege şi pentru ţară. Tot astfel, a fi credincios în Împărăţia lui Dumnezeu înseamnă a ne putea da viaţa. Se referă la a lucra din greu, având credinţa martirajului.

Să nu vă gândiţi însă că ar fi vorba de martiraj doar pe plan fizic, în care vă sacrificaţi viaţa fizică. Ceea ce este mai important este martirajul spiritual.

Martirajul spiritual înseamnă să ne luptăm împotriva tuturor păcatelor și formelor de rău, să ne lepădăm de ele, să nu facem compromisuri cu lumea pentru a-L iubi și a-I fi pe plac lui Dumnezeu.

Tot astfel, dacă ne luptăm și ne lepădăm de toate păcatele, „eul" sau „sinele" nostru nu va mai rămâne în noi. Doar Cuvântul lui Dumnezeu, adevărul, va trăi în noi și vom păzi toate cuvintele scrise în cele 66 de cărți din Biblie.

După cum a spus apostolul Pavel în 1 Corinteni 15:31: „În fiecare zi sunt în primejdie de moarte" – dacă eul nostru moare complet și ne lepădăm de toate formele de rău, vom putea să ne ducem la îndeplinire datoria cu credincioșie. Ne vom putea ruga cu lacrimi și dragoste pentru sufletele care merg spre pieire.

În zilele noastre, parcă nu suntem în situații în care să ne putem arăta credința de martiraj și putem crede că nu avem șanse să ne asigurăm că avem această credință. Acest lucru se datorează faptului că nu suntem puși în situații în care să predicăm Evanghelia într o țară comunistă sau într un loc cu dominație islamică.

Însă lucrurile nu stau chiar așa. Dumnezeu ne arată dacă avem credința de martiraj prin faptul că permite să trecem prin situații similare cu cele ale martirilor. Desigur, dacă credința noastră nu poate depăși acea încercare, nu vom avea de trecut prin ea de la capul locului.

În Iacov 1:12 ni se spune: „Ferice de cel ce rabdă ispita. Căci, după ce a fost găsit bun, va primi cununa vieții pe care a făgăduit-o Dumnezeu celor ce-L iubesc".

Cu alte cuvinte, cununa vieții nu poate fi dată oricui, ci doar celor care au ieșit învingători din încercări și au fost aprobați de Dumnezeu.

Aceasta nu înseamnă că putem fi aprobați de Dumnezeu după ce am trecut numai printr-o singură încercare. Doar cei care sunt sfințiți pe deplin stau pe stânca credinței și au o inimă fermă, neschimbătoare. Aceștia sunt oameni care nu se clatină și sunt statornici în orice situație.

Cununa vieții dată celor credincioși până la moarte

Cununa vieții este dată cuiva când trece cu bine peste tot felul de încercări și necazuri și este credincios până la moarte. De fapt, ea este dată celor care merg în a Treia Împărăție a Cerurilor dintre locașurile cerești.

Pentru a înțelege acest lucru trebuie să examinăm locașurile cerești pe care le primesc oamenii în funcție de măsura lor de credință.

Să presupunem cazul unui om care are doar credință să fie mântuit și cazul unuia care a fost credincios până la moarte. Cum ar fi dacă ambii ar fi răsplătiți la fel în Împărăția Cerurilor? Nu ar fi echitabil. Prin urmare, Dumnezeu dă diferite locașuri și răsplăți, în funcție de cât de mult am trăit după Cuvânt pe pământ.

În primul rând, cei care sunt mântuiți ca prin foc vor merge în Rai, dar nu vor primi nicio cunună. Au avut credință suficientă cât să primească mântuire, dar nu au făcut ceva pe pământ să poată primi răsplată în Cer.

Următorii, cei care merg în Prima Împărăție a Cerurilor vor primi „cununa care nu se poate veșteji" despre care citim în 1 Corinteni 9:25. Ei au avut credința prin care au încercat să trăiască după Cuvântul lui Dumnezeu și au încercat să-și țină în frâu dorințele pentru lucrurile trecătoare și firești de pe pământ. Prin urmare, vor primi „cununa care nu se poate veșteji".

Cei care merg în a Doua Împărăție a Cerurilor vor primi „cununa slavei" (1 Petru 5:4). Fiindcă au trăit o viață în care L-au glorificat pe Dumnezeu, vor primi cununa slavei.

Următorul locaș, cea de-a Treia Împărăție a Cerurilor, este pentru cei care s-au lepădat complet de rău și au avut credința să pună dragostea lor de Dumnezeu pe cel mai înalt loc în viața lor. Aceşti oameni vor primi cununa vieţii, care este de asemenea promisă bisericii din Smirna, dacă îndeplineşte condiţiile.

În final, cei care, pe lângă faptul că sunt sfinţiţi pe deplin sunt şi credincioşi în toată casa lui Dumnezeu, vor primi cununa de aur (Apocalipsa 4:4) şi cununa neprihănirii (2 Timotei 4:8).

Pe lângă acestea, mai sunt multe alte feluri de cununi în Cer pe care le va primi fiecare persoană în funcţie de ceea ce a făcut pe pământ.

Romani 8:35 spune: „Cine ne va despărţi pe noi de dragostea lui Hristos? Necazul, sau strâmtorarea, sau prigonirea, sau foametea, sau lipsa de îmbrăcăminte, sau primejdia, sau sabia?" Dacă avem o dragoste arzătoare pentru Domnul asemenea apostolului Pavel, atunci putem fi credincioşi până la moarte în biserică, trupul Domnului.

Mai mult, vom înţelege şi mai adânc diferitele niveluri ale duhului pentru a primi dragostea lui Dumnezeu şi pentru a-L glorifica mai mult.

Promisiunea Domnului dată bisericii din Smirna

Cine are urechi să asculte ce zice bisericilor Duhul: Cel ce va birui nicidecum nu va fi vătămat de a doua moarte (Apocalipsa 2:11).

Credincioşii bisericii din Smirna au suferit şi aveau de suferit în numele Domnului, dar Domnul nu i-a mângâiat doar, spunându-le: „Ştiu suferinţa voastră, suferiţi încă puţin". Dimpotrivă, i-a sfătuit să fie credincioşi în continuare, chiar până la moarte. Credincioşia lor le va aduce binecuvântări şi răsplăţi mai mari. Toate suferinţele şi încercările prin care treceau cei din biserica din Smirna urmau să devină binecuvântări şi răsplăţi pentru ei.

Dumnezeu nu ne laudă numai pentru simplul fapt că am depăşit cu bine încercările şi necazurile, ci doar atunci când facem mai mult decât ni se cere.

Într-un fel, este de la sine înțeles că un copil al lui Dumnezeu trece prin încercări și persecuții în numele Domnului. Astfel, în loc să le dea un cuvânt de mângâiere, El le-a spus să fie credincioși până la moarte ca să poată primi binecuvântări mai multe și o răsplată mai mare. Aceasta este o expresie a dragostei lui Dumnezeu.

Trebuie să acordăm atenție Cuvântului Domnului

Deși Dumnezeu ne dă Cuvântul Său ca promisiune, nu ne este de niciun folos dacă nu luăm aminte la el. După cum spune El în Ioan 10:27: „Oile Mele ascultă glasul Meu; Eu le cunosc, și ele vin după Mine", copiii lui Dumnezeu care au primit Duhul Sfânt trebuie să asculte îndemnurile Duhului Sfânt. De aceea, Domnul spune bisericii din Smirna: „Cine are urechi să asculte ce zice bisericilor Duhul" (versetul 11).

Nu se referă la auzirea cu urechea fizică, ci cu urechea spirituală cu care să discernem adevărul. Trebuie să avem urechi spirituale pentru a auzi vocea Duhului Sfânt care ne călăuzește în tot adevărul și ne arată inima și voia lui Dumnezeu. Doar atunci vom putea înțelege însemnătatea spirituală și cuvântul lui Dumnezeu care este predicat.

Acest fel de ureche spirituală se dezvoltă în măsura în care lepădăm răul din inimă. Pe de altă parte, cu cât avem mai mult rău în inimă, cu atât mai puțin dezvoltate ne vor fi urechile spirituale. Atunci nu vom înțelege Cuvântul lui Dumnezeu când

Îl auzim și nu vom putea fi călăuziți de Duhul Sfânt.

Dar putem avea rău în inimă și atunci nu putem auzi vocea Duhului Sfânt cu claritate. Chiar și în acest caz, dacă ascultăm Cuvântul lui Dumnezeu cu „Da" și „Amin", vom ajunge în curând la nivelul la care putem auzi vocea Duhului Sfânt cu claritate. Atunci vom avea abilitatea de a discerne lucrurile care sunt potrivite Cuvântului lui Dumnezeu pentru a putea depăși tot felul de teste, încercări sau ispite.

„Cel ce va birui" se referă la cei care se luptă să se lepede de păcate și de ticăloșie cu ajutorul Cuvântului lui Dumnezeu după cum am spus mai sus. Domnul a spus că aceștia nu vor fi vătămați de a doua moarte. Ce este, însă, a doua moarte și ce înseamnă a fi vătămat de ea?

A nu fi vătămați de a doua moarte

Când Dumnezeu ne cheamă duhul, trupul nostru se transformă în cadavru rece, iar după o vreme, va deveni o mână de țărână. Când viața noastră fizică se sfârșește, aceasta este prima moarte.

A doua moarte are loc când duhul nostru, stăpânul omului, este trimis în focul veșnic al iadului.

În cartea Apocalipsa, putem vedea că numele scrise în Cartea Vieții pot fi șterse, iar acei oameni vor fi aruncați în iazul de foc.

Și am văzut pe morți, mari și mici, stând în picioare înaintea scaunului de domnie. Niște cărți au fost deschise. Și a fost deschisă o altă carte, care este Cartea Vieții. Și morții au fost judecați după faptele lor, după cele ce erau scrise în cărțile acelea. Marea a dat înapoi pe morții care erau în ea; Moartea și Locuința morților au dat înapoi pe morții care erau în ele. Fiecare a fost judecat după faptele lui. Și Moartea și Locuința morților au fost aruncate în iazul de foc. Iazul de foc este moartea a doua. Oricine n-a fost găsit scris în Cartea Vieții a fost aruncat în iazul de foc (Apocalipsa 20:12-15).

Cei care trăiesc în neadevăr și în păcat, adică cei care nu trăiesc după Cuvântul lui Dumnezeu și nu au ieșit învingători, vor avea parte de moartea a doua; vor îndura focul veșnic al iadului.

Însă, cei care trăiesc prin Cuvântul lui Dumnezeu, cei care nu se clatină în mijlocul testelor și încercărilor, ci ies biruitori, nu vor fi vătămați de moartea a doua; ei vor primi viața veșnică.

Domnul a dat acest cuvânt bisericii din Smirna pentru că El dorește ca nu numai cei care vor merge în Coreea de Nord, ci și toți cititorii acestui mesaj, să depășească tot felul de încercări, să fie credincioși până la moarte și să primească cununa vieții.

Mai mult, Dumnezeu ne spune să le vorbim celor care nu cunosc adevărul și merg pe calea morții; trebuie să le predicăm cu îndrăzneală să nu se teamă de încercări, ci să primească mântuirea, umblând în adevăr.

Aceasta este datoria dată fiecăruia dintre noi. Orice persoană sau biserică care își duce la îndeplinire această îndatorire va primi binecuvântări de la Dumnezeu și o răsplată veșnică.

Să nu uităm un lucru aici. În 1 Timotei 5:22 spune: „Să nu-ți pui mâinile peste nimeni cu grabă și să nu te faci părtaș păcatelor altora; pe tine însuți păzește-te curat". Să nu lenevim în ceea ce privește sfințirea și curățarea noastră.

„Dumnezeul păcii să vă sfințească El însuși pe deplin; și duhul vostru, sufletul vostru și trupul vostru să fie păzite întregi, fără prihană, la venirea Domnului nostru Isus Hristos" (1 Tesaloniceni 5:23). După cum scrie aici, haideți să ajungem la sfințire, să fim fără pată și fără zbârcitură, ca să putem intra în Noul Ierusalim.

CAPITOLUL 3

BISERICA DIN PERGAM
- Căldicică și întinată de învățături străine

Biserica din Pergam a fost lăudată pentru că și-a păstrat credința chiar și în persecuții și în dificultăți. Au fost însă mustrați pentru că unii credincioși de acolo au urmat învățăturile Nicolaiților.

Mesajul este dat bisericilor de azi care sunt căldicele și fac compromisuri cu lumea sau urmează învățături eretice.

Apocalipsa 2:12-17

Îngerului Bisericii din Pergam scrie-i: „Iată ce zice Cel ce are sabia ascuțită cu două tăișuri: «Știu unde locuiești: acolo unde este scaunul de domnie al Satanei. Tu ții Numele Meu și n-ai lepădat credința Mea nici chiar în zilele acelea când Antipa, martorul Meu credincios, a fost ucis la voi, acolo unde locuiește Satana.

Dar am ceva împotriva ta. Tu ai acolo niște oameni care țin de învățătura lui Balaam, care a învățat pe Balac să pună o piatră de poticnire înaintea copiilor lui Israel, ca să mănânce din lucrurile jertfite idolilor și să se dedea la curvie.

Tot așa, și tu ai câțiva care, de asemenea, țin învățătura Nicolaiților, pe care Eu o urăsc.

Pocăiește-te, dar. Altfel, voi veni la tine curând și Mă voi război cu ei cu sabia gurii Mele.»"

Cine are urechi să asculte ce zice bisericilor Duhul: „Celui ce va birui îi voi da să mănânce din mana ascunsă și-i voi da o piatră albă; și pe piatra aceasta este scris un nume nou pe care nu-l știe nimeni decât acela care-l primește."

Scrisoarea Domnului către biserica din Pergam

Îngerului Bisericii din Pergam scrie-i: Iată ce zice Cel ce are sabia ascuțită cu două tăișuri (Apocalipsa 2:12).

Pergam a apărut în istorie în timpul lui Lisimah, unul din generalii lui Alexandru cel mare. El a văzut-o ca o potențială fortăreață și a început să o dezvolte. De atunci, a devenit un centru cultural grecesc. Din punct de vedere cultural, se putea compara cu Alexandria care a fost o metropolă culturală de-a lungul istoriei.

Pergamul era la confluența mai multor religii diferite. Idolatria era atât de răspândită încât templul lui Asclepios devenise asemenea unui spital.

Fiind una din provinciile prospere ale Imperiului Roman, s-au construit multe altare de închinare la împăratul roman. Însă, creștinii care nu se închinau împăratului, au început să fie persecutați.

Biserica din Pergam a fost întemeiată în mijlocul multor persecuții. La început, și-a păstrat credința dar, pe măsură ce Imperiul Roman a acceptat creștinismul ca religie de stat, a început să devină o biserică seculară. Din acest motiv, credincioșii au fost încurajați și în același timp mustrați de Domnul.

Domnul are o sabie ascuțită, cu două tăișuri

Scrisoarea către biserica din Pergam începe astfel: „Îngerului Bisericii din Pergam scrie-i: Iată ce zice Cel ce are sabia ascuțită cu două tăișuri." (versetul 12) La început, menționează cine scrie această scrisoare și cui îi este adresată.

Îngerul bisericii se referă la pastorul bisericii, iar sabia cu două tăișuri simbolizează Cuvântul lui Dumnezeu. În Evrei 4:12 citim: „Căci Cuvântul lui Dumnezeu este viu și lucrător, mai tăietor decât orice sabie cu două tăișuri: pătrunde până acolo că desparte sufletul și duhul, încheieturile și măduva, judecă simțirile și gândurile inimii."

Cel care are Cuvântul lui Dumnezeu, care este ca o sabie cu două tăișuri, este Isus Christos. Astfel, Ioan 1:14 spune: „Și Cuvântul S-a făcut trup și a locuit printre noi, plin de har și de adevăr. Și noi am privit slava Lui, o slavă întocmai ca slava Singurului născut din Tatăl." Isus este Fiul lui Dumnezeu, iar Cuvântul a venit pe pământ în trup omenesc.

De asemenea, după cum vedem în a doua parte a versetului din Ioan 1:1: „Cuvântul era Dumnezeu", Isus este una cu Dumnezeu, care este Cuvântul Însuși. Isus, Fiul lui Dumnezeu, care a venit pe pământ în trup, este Dumnezeu Însuși. El este stăpân peste toate lucrurile din Cer și de pe pământ. El este Împăratul Împăraților și Domnul Domnilor.

Cum lucrează în noi Cuvântul lui Dumnezeu, care este mai ascuțit decât o sabie cu două tăișuri?

Cum lucrează Cuvântul lui Dumnezeu în noi

Nici o altă carte din lume nu are mai multă viață sau mai mare putere să lucreze. Doar Cuvântul lui Dumnezeu este viu. Doar Cuvântul lui Dumnezeu are viață, iar când credem și acționăm pe baza Lui, lucrurile se întâmplă după cum este scris. Arată lucrarea vieții, lucrarea de reînviere a sufletelor care mor.

Psalmul 37:4: „Domnul să-ţi fie desfătarea, şi El îţi va da tot ce-ţi doreşte inima". Pentru a ne desfăta în Dumnezeu, trebuie în primul rând să Îl desfătăm pe Dumnezeu. Apoi, vom putea primi răspuns (Proverbe 11:20; 12:22; 15:8; Evrei 11:6). Când credem acest cuvânt şi îl punem în aplicare, vom primi răspunsul. Prin aceasta putem vedea că acest Cuvânt al lui Dumnezeu este viu.

De asemenea, Cuvântul lui Dumnezeu este ascuţit ca o sabie, pătrunde adânc până acolo încât desparte sufletul şi duhul, încheieturile şi măduva. Sufletul, ca întreg, se referă la mecanismul de memorare din creierul uman, cunoştinţa acumulată în acesta şi modul de aplicare a cunoştinţelor înmagazinate. Duhul nu se schimbă şi nu piere niciodată, ci este veşnic. Duhul este viaţa şi adevărul Însuşi.

Oamenii sunt alcătuiţi din trei entităţi: duh, suflet şi trup. La început, duhul a stăpânit peste suflet şi trup. Însă, datorită păcatului lui Adam, duhul, stăpânul omului, a murit şi a rămas închistat în suflet.

Dacă cineva Îl primeşte pe Isus Christos ca mântuitor, va primi darul Duhului Sfânt, iar duhul său mort va reînvia. De asemenea, în măsura în care se leapădă de neadevăr în suflet, în special de cunoştinţe care nu sunt bazate pe adevăr, prin Cuvântul lui Dumnezeu, duhul său creşte şi se reface complet.

„Încheieturile" se referă la tiparele de gândire bazate pe „neprihănirea de sine"

Tot astfel, Cuvântul lui Dumnezeu separă neadevărurile din suflet și însuflețește duhul ca acesta să fie mai activ. De asemenea, desparte încheieturile și măduva. Aici, „încheieturile" nu se referă la articulațiile oaselor, ci simbolizează tiparele de gândire spirituale ale omului.

Tiparele se dezvoltă prin lucrurile pe care cineva le vede, le aude și le învață. Prin urmare, conțin multe neadevăruri. Tiparul se formează când „neprihănirea de sine" se consolidează. „Neprihănirea de sine" reprezintă ceea ce crede cineva că este drept din punctul său de vedere.

În cazul unor oameni, personalitatea lor se contopește cu tiparul lor de gândire. În alte cazuri, cunoștințele lor, educația, gusturile, obiceiurile și alte comportamente devin tiparul lor de gândire. Dacă avem tipare de gândire rigide, putem avea conflicte cu alții când opiniile lor diferă de ale noastre. Putem crea neplăceri altora și este foarte posibil să îi judecăm și să îi condamnăm fără să îi înțelegem.

Acest lucru se reflectă în viața de zi cu zi în diferite moduri. De exemplu, o persoană care a trebuit să se descurce singură, fără să aibă pe cineva cu care să-și împărtășească ce are pe inimă, poate avea dificultăți în relațiile cu alții. Caracterul său introvertit devine modalitatea lui de a gândi și nu se poate apropia de alții cu ușurință.

În astfel de cazuri, dacă oamenii din jur sunt deschiși, ei s-ar putea să nu îl înțeleagă și s-ar putea să îl judece și să spună: „Este egoist și arogant".

Însă, chiar dacă o persoană are tipare de gândire încetățenite, ea poate să nu arate astfel pe din afară. Înseamnă că nu este rigidă și nu are multe conflicte cu alții. Totuși, această persoană nu acceptă sfaturi de la alții, prin urmare îi este greu să se schimbe.

Tot astfel, doar Cuvântul lui Dumnezeu poate elibera pe cineva de tipare de gândire încetățenite. Însă, dacă o astfel de persoană are niște tipare de gândire atât de rigide și nu își deschide inima, Cuvântul lui Dumnezeu nu pătrunde cu forța.

Doar când persoana respectivă își deschide inima, Cuvântul lui Dumnezeu poate să îi pătrundă în inimă și să îl schimbe. Aceasta este din cauză că Dumnezeu lucrează conform dreptății.

Dacă recunoaștem faptul că fiecare avem un mod de gândire personal, ne deschidem inima cu smerenie și avem o atitudine deschisă pentru Cuvânt, atunci Dumnezeu poate înlătura orice tipare prin Cuvântul Său.

„Măduva" simbolizează formele de rău din adâncul inimii cuiva

Măduva este un țesut conjuctiv puternic vascularizat care ocupă cavitatea majorității oaselor. Din punct de vedere spiritual, aceasta se referă la păcatul și răul care sunt adânc înrădăcinate acolo. După cum măduva este în interiorul oaselor, și formele de păcat sunt înrădăcinate adânc în inima omului.

Putem găsi cu ușurință forme de păcat care se văd pe dinafară, însă nu suntem conștienți de răutatea care este în adâncul naturii noastre păcătoase. Poate ne gândim că nu avem invidie și gelozie dar, în anumite situații, vedem cu răul care era ascuns înăuntru iese la iveală.

Așa a fost situația lui Iov din Vechiul Testament. Iov nu credea că era rău. El credea că era desăvârșit în fapte și în inimă. Însă, în adâncul firii sale avea răutate. De aceea, când Satan l-a acuzat, Dumnezeu a permis încercări peste el ca să își poată vedea răul.

A suferit atât de mult: și-a pierdut familia și toată averea. Era în dureri mari din cauza bubelor de pe corp. Acum, răul de care nu era conștient, începea să iasă la suprafață.

În acel moment, când Dumnezeu a început să îi vorbească, și-a văzut răutatea. S-a pocăit pe deplin și s-a lepădat de rău.

Atunci a ajuns la un nivel mai înalt al Duhului. A ajuns de două ori mai bogat decât fusese înainte.

Neprihănirea de sine și tiparele de gândire, asemenea „încheieturilor" și „măduvei", fac parte din trup. Ele pot fi îndepărtate doar prin sabia Cuvântului lui Dumnezeu. Doar când ne lepădăm de neprihănirea de sine și de tiparele de gândire, atunci putem deveni copii sfințiți ai lui Dumnezeu.

Nu orice predicator poate avea mesaje care să despartă încheieturile și măduva. Doar mesajele spirituale pot face aceasta. Mai mult, predicatorul trebuie să aibă autoritate când vorbește.

Cuvântul dat de Domnul bisericii din Pergam, care are autoritate ca o sabie cu două tăișuri, este valabil și pentru bisericile de azi.

Situații similare cu ale bisericii din Pergam din zilele noastre

Mesajul dat bisericii din Pergam este pentru bisericile și credincioșii care sunt căldicei și pentru cei care sunt sub influența curentelor eretice. Este pentru cei care cheamă numele lui Dumnezeu dar Îl neagă pe Isus Christos și pentru cei care schimbă Cuvântul lui Dumnezeu cu viclenie.

Nu se înșală doar pe ei înșiși, ci și pe alții și în fac să creadă în ideologia lor falsă. Domnul nu leapădă nici măcar pe acești oameni. El face ca lumina Lui să strălucească asupra concepțiilor lor greșite prin Cuvântul lui Dumnezeu care este ca o sabie cu două tăișuri. Domnul le-a dat Cuvântul Lui ca aceștia să se pocăiască și să se întoarcă ca să poată fi mântuiți.

În ziua judecății, unii poate vor încerca să se scuze că nu au știut. Însă, când faptele și cuvintele lor vor fi judecate prin prisma Cuvântului lui Dumnezeu, neadevărurile lor vor ieși la iveală.

Deși bisericile predică Cuvântul lui Dumnezeu și arată ca niște biserici pe din afară, ereziile din ele sunt lucrarea Satanei. Ei schimbă puțin esența Cuvântului lui Dumnezeu.

Trebuie să discernem ereziile nu cu standardele omenești, ci doar prin Cuvântul lui Dumnezeu. În realitate însă, multe biserici judecă și condamnă pe altele ca eretice, doar pentru că doctrinele și concepțiile lor sunt puțin diferite.

Definiția ereziei în Biblie

În 2 Petru 2:1 citim: „În norod s-au ridicat și proroci mincinoși, cum și între voi vor fi învățători mincinoși, care vor strecura pe furiș erezii nimicitoare, se vor lepăda de Stăpânul care i a răscumpărat și vor face să cadă asupra lor o pierzare năprasnică."

Cel mai clar criteriu de a discerne ereziile este dacă Îl acceptă sau Îl reneagă pe Domnul, care este Răscumpărătorul. Şi anume, dacă cineva nu crede în Isus Christos ca mântuitor, poate fi considerat eretic. Isus Christos ne-a curăţat de păcate şi ne-a mântuit prin sângele Său. Prin urmare, toţi copiii lui Dumnezeu mântuiţi au fost răscumpăraţi de Domnul cu sângele Lui.

De aceea, înainte ca Isus să fie crucificat şi înainte să-Şi îndeplinească misiunea ca şi Christos prin înviere, nu se putea vorbi de erezii. Isus înseamnă: „El va mântui pe poporul Lui de păcatele sale" (Matei 1:21), iar Christos este cuvântul grecesc pentru „Mesia", care înseamnă „Unsul".

Doar după ce Şi-a îndeplinit misiunea pe pământ în calitate de Christos prin faptul că a înviat, putem spune că cineva care Îl reneagă pe Isus Christos, „Domnul care i-a răscumpărat", este eretic. Prin urmare, cuvântul erezie nu apare în Vechiul Testament sau în cele patru Evanghelii.

Pe măsură ce ne apropiem de sfârşitul lumii, vor apărea mai multe erezii. Mai mulţi oameni se comportă de parcă ar fi mântuitorii. Ei înşală oamenii, învăţându-i ca şi cum ar trebui să fie mântuiţi prin ei.

Cu trecerea timpului însă, îşi arată adevărata faţă. Sunt desfrânaţi, denaturează calea adevărului şi strâng bani de la cei care îi urmează. Fac multe lucruri nelegiuite. Desigur, nu trebuie să îi judecăm pe alții ca eretici doar datorită lucrurilor nelegiuite, dacă nu se leapădă de Domnul.

Va fi necesar să îi sfătuim și chiar să îi mustrăm ca să se pocăiască, dar nu putem să îi judecăm ca eretici doar pentru lucrurile nelegiuite pe care le fac, decât dacă se leapădă de Isus Christos.

Putem înțelege acest lucru clar prin cuvântul lui Gamaliel, un învățător al legii, care a spus celor care judecau și condamnau pe cei ce credeau în Isus Christos următoarele:

Apoi le-a zis: „Bărbați israeliți, luați seama bine ce aveți de gând să faceți oamenilor acestora. Căci nu demult s-a ivit Teuda, care zicea că el este ceva, și la care s-au alipit aproape patru sute de bărbați. El a fost omorât, și toți cei ce îl urmaseră au fost risipiți și nimiciți. După el s-a ivit Iuda galileeanul, pe vremea înscrierii, și a tras mult norod de partea lui: a pierit și el, și toți cei ce-l urmaseră au fost risipiți. Și acum eu vă spun: «Nu mai necăjiți pe oamenii aceștia, și lăsați-i în pace! Dacă încercarea sau lucrarea aceasta este de la oameni, se va nimici; dar dacă este de la Dumnezeu, n-o veți putea nimici. Să nu vă pomeniți că luptați împotriva lui Dumnezeu.»" (Faptele Apostolilor 5:35-39)

Profeții și învățătorii falși și anticristul

În 2 Petru 2:1, citim despre profeții și învățătorii falși care introduc erezii distructive în biserică, chiar lepădându-se de Stăpânul care i-a răscumpărat. Aici, „falși" nu se referă doar la cei care mint sau înșeală pe alții, ci la cei care se leapădă de Isus Christos care este adevărul.

În 1 Ioan 2:22 ni se spune: „Cine este mincinosul, dacă nu cel ce tăgăduiește că Isus este Cristosul? Acela este Antihristul, care tăgăduiește pe Tatăl și pe Fiul." După cum spune, un mincinos este o persoană care Îl tăgăduiește pe Isus Christos, iar Anticristul este cel care Îi tăgăduiește atât pe Tatăl cât și pe Fiul.

Prin urmare, în 1 Ioan 4:1-3 citim: „Preaiubiților, să nu dați crezare oricărui duh; ci să cercetați duhurile, dacă sunt de la Dumnezeu; căci în lume au ieșit mulți proroci mincinoși. Duhul lui Dumnezeu să-L cunoașteți după aceasta: orice duh care mărturisește că Isus Hristos a venit în trup este de la Dumnezeu; și orice duh care nu mărturisește pe Isus nu este de la Dumnezeu, ci este duhul lui Antihrist, de a cărui venire ați auzit. El chiar este în lume acum."

Anticristul sunt cei care se ridică împotriva lui Isus Christos cu Cuvântul lui Dumnezeu. Ei neagă mântuirea prin Isus Christos. A-L tăgădui pe Isus Christos este același lucru cu a te ridica împotriva lui Dumnezeu.

Ca să nu fim înșelați, trebuie să discernem erezia și să putem deosebi profeții falși, învățătorii mincinoși și Anticristul conform Bibliei. De asemenea, trebuie să îndemnăm și pe alții prin Cuvântul lui Dumnezeu care este ca o sabie cu două tăișuri, fără însă să ajungem să ne certăm cu ei.

În Titus 3:10 ni se spune: „După întâia și a doua mustrare, depărtează-te de cel ce aduce dezbinări". După cum am citit, putem să îi mustrăm o dată sau de două ori prin Cuvântul lui Dumnezeu. Dacă ascultă și se schimbă, este o situație fericită, altfel este mai bine să ne ținem departe de acești oameni.

Aceasta este din cauză că, dacă nu suntem puternic ancorați în adevăr, putem fi influențați de ideile lor în timp ce discutăm cu ei. Ei schimbă puțin adevărul și se pot folosi de slăbiciunea fiecărei persoane. Prin urmare, nu trebuie să intrăm în polemici cu ei fără să avem o cunoaștere foarte bună a Cuvântului lui Dumnezeu.

Când o persoană care nu are un discernământ bun este influențată de o erezie, va fi foarte greu să își dea seama de aceasta și să se debaraseze. De aceea, Dumnezeu ne spune să evităm polemicile și să ne depărtăm de ei.

Dragostea lui Dumnezeu care doreşte să mântuiască pe toţi oamenii

Domnul dă şanse să se pocăiască şi să se întoarcă celor care au o ideologie eretică, cum ar fi Martorii lui Iehova. Prin cuvântul dat bisericii din Pergam, Domnul a vrut să atragă atenţia bisericilor şi credincioşilor din zilele de azi care sunt ca biserica din Pergam pentru a se trezi.

De asemenea, i-a atenţionat cu privire la compromisul cu lumea. Oamenii au o natură firească care îşi caută doar împlinirea propriilor dorinţe, deşi cunosc voia lui Dumnezeu. Putem spune că facem voia lui Dumnezeu dar, dacă lăsăm lucrurile firii pământeşti în inimă unul cât unul, acestea ne pot face să schimbăm Cuvântul lui Dumnezeu. În final, ne poate duce la o ideologie eretică.

Pentru a-i ajuta pe aceşti oameni să vadă ce se întâmplă, avem nevoie de Cuvântul Vieţii autoritar care să poată penetra şi să despartă sufletul, duhul, încheieturile şi măduva. De asemenea, trebuie să adeverim Cuvântul prin lucrările miraculoase ale puterii lui Dumnezeu. Doar atunci când aceasta se întâmplă, cei care sunt sub influenţa ideologiilor eretice se vor putea pocăi şi se vor putea debarasa de ele.

Desigur, nu mulţi oameni intră în această categorie, dar

Dumnezeu dorește ca toți să primească mântuirea și să ajungă la cunoștința adevărului (1 Timotei 2:4). Chiar și în cazurile în care este greu pentru cineva să fie mântuit, dacă are bunătate în inimă, va primi șansa prin harul Domnului și cu ajutorul Duhului Sfânt.

Când predicăm Evanghelia, putem vedea că este mai greu să predicăm celor care au o cunoaștere superficială și limitată și sunt influențați de idei eretice decât să predicăm celor care nu cunosc Evanghelia deloc. Prin urmare, pentru a răspândi adevărul avem nevoie de putere și autoritate.

În timp ce predicăm despre Isus Christos și Evanghelia Împărăției Cerurilor, trebuie să adeverim spusele noastre ca ei să nu poată tăgădui, ci doar să accepte. Altfel, chiar dacă depunem mari eforturi să predicăm Evanghelia, nu putem culege roadele bogate ale evanghelizării.

Scrisoarea Domnului către biserica din Pergam

Știu unde locuiești: acolo unde este scaunul de domnie al Satanei. Tu știi Numele Meu și n-ai lepădat credința Mea nici chiar în zilele acelea când Antipa, martorul Meu credincios, a fost ucis la voi, acolo unde locuiește Satana (Apocalipsa 2:13).

Pergam a fost unul din orașele principale din Asia în acele vremuri. Era centrul educativ și politic. Era un oraș al extravaganței și al închinării la idoli. Pergam era plin de altare de închinare și de temple idolești, cum ar fi templul lui Zeus, al lui Dionisus, al lui Atena și al lui Asclepios, precum și trei altare de închinare la împăratul roman. Mai era și un templu special al lui Ascleopios, un loc de închinare la șerpi.

Pergam fusese un oraș în care se aflase scaunul de domnie al
Satanei, iar biserica din Pergam își ducea viața de credință într-un
astfel de mediu. De aceea, Domnul a spus: „Știu unde locuiești:
acolo unde este scaunul de domnie al Satanei".

Biserica din Pergam a păzit credința într-un loc în care se găsea scaunul de domnie al Satanei

Când Domnul a spus bisericii din Pergam că știa unde
locuiau, aceasta înseamnă că El știa că locul era plin de idoli. De
asemenea, înseamnă că El știa că aveau o credință care nu era
fermă, nefiind bazată pe Cuvântul lui Dumnezeu. El le spune că
se găseau într-o situație în care era ușor să fie înșelați de învățături
false care răstălmăceau puțin Cuvântul lui Dumnezeu.

Scaunul de domnie al Satanei se referă la locul în care acesta
locuiește. Înseamnă că Pergam era plin de idoli. Nu este ușor ca
oamenii să-și păstreze credința într-un loc plin de păcate precum
vizuina Satanei pentru că aduce asupra credincioșilor multe
persecuții, încercări și teste ca să îi facă să-și piardă credința.

În timpul acestor persecuții severe, Antipa a fost martirizat.
Acest lucru a devenit o încurajare pentru ceilalți credincioși ca
să continue să rămână în credință și să fie învingători. Domnul a
lăudat acest lucru.

Domnul îl numește pe Antipa „martorul meu credincios".
Din aceste cuvinte ale Domnului ne dăm seama de credința lui

Antipa. El și-a lepădat răul din inimă, a devenit din ce în ce mai asemănător Domnului și a predicat Evanghelia cu viața lui. În timp își ducea viața ca martor al Domnului, a fost martirizat.

Există o relatare despre martirajul lui Antipa. Un ofițer roman l-a așezat pe Antipa în fața unui idol și i-a spus să se închine acestui idol al împăratului.

I-a spus: „Antipa, închină-te acestui idol al împăratului roman."

Însă, Antipa a răspuns: „Există doar un Rege al regilor și Domn al Domnilor, El este Isus Christos. Nu mă voi închina la nimeni altul."

Ofițerul a devenit furios și a strigat: „Antipa, nu știi că toată lumea este împotriva ta?"

La aceasta, Antipa a răspuns: „Atunci Îl voi mărturisi pe Isus Christos ca Domn al Domnilor înaintea acestei lumi".

În acel moment, în mânia lui, ofițerul l-a aruncat pe Antipa într-un cuptor aprins și l-a omorât. Însă, în mijlocul acestor persecuții și dificultăți teribile, membrii bisericii din Pergam și-au păstrat credința.

Unii credincioși care nu cunosc pe deplin adevărul pot

avea întrebări de genul: „Ei credeau în Dumnezeu, erau atât de credincioși, dar de ce au fost persecutați și au trebuit să moară ca martiri?" „Dacă Dumnezeu este viu cu adevărat, cum i-a putut părăsi?" Însă, dacă înțeleg voia și planul lui Dumnezeu, pot înțelege de ce se întâmplă astfel de lucruri.

Planul lui Dumnezeu cu martirii

Au fost mulți oameni care au murit ca martiri, nu doar în biserica primară cum a fost cea din Pergam unde a murit Antipa, dar și în orice loc în care s-au așezat creștinii și s-a răspândit creștinismul.

Astfel de lucruri se petreceau în Imperiul Roman care, practic, conducea întreaga lume. Cetățenii Romei erau martori la martirizarea creștinilor în Colosseum. Ei îi considerau pe creștini ca fiind foarte proști. Chiar se delectau să vadă martirajele. Curând, însă, a început să li se pară ciudat.

„Cum de aveau zâmbete pe față în timp ce mureau?"
„Ce îi determina să fie așa?"
„Cine este Isus în care cred?"

Au început să fie interesați în creștinism și din ce în ce mai mulți oameni au început să vrea să știe mai multe despre creștinism. În final, mulți oameni au auzit Evanghelia și L-au primit pe Isus Christos.

Mai mult, pe vremea lui Constantin cel Mare, creștinismul a fost acceptat, iar apoi a fost considerat ca religie de stat. Aceasta este parte din planul lui Dumnezeu pe care oamenii nu îl înțeleg. Fără aceasta, creștinismul nu s-ar fi răspândit atât de repede prin toată Europa și prin lume.

O persoană care trăiește viața de creștin după cum consideră, nu își poate păstra credința în fața durerii martirajului și a fricii de moarte. Sunt șanse destul de mari ca să se lepede de credință în situații extreme sau când ceva îi amenință viața pentru că nu s-a lepădat de tot răul din inimă.

Doar cei care sunt credincioși, cu inimi neschimbătoare, pot să-și păstreze credința chiar în fața amenințării morții. Ei pot muri ca martiri pentru credința lor în măsura în care s-au lepădat de rău și s-au sfințit. Astfel de martiri vor primi o mare onoare și slavă de la Dumnezeu, deci este o mare binecuvântare pentru ei.

Mustrarea Domnului pentru biserica din Pergam

Dar am ceva împotriva ta. Tu ai acolo niște oameni care țin de învățătura lui Balaam, care a învățat pe Balac să pună o piatră de poticnire înaintea copiilor lui Israel, ca să mănânce din lucrurile jertfite idolilor și să se dedea la curvie. Tot așa, și tu ai câțiva care, de asemenea, țin învățătura Nicolaiților, pe care Eu o urăsc. Pocăiește-te, dar. Altfel, voi veni la tine curând și Mă voi război cu ei cu sabia gurii Mele (Apocalipsa 2:14-16).

Deși biserica din Pergam a fost lăudată, Domnul începe să îi mustre aspru. Din această biserică făcea parte Antipa, care murise ca martir, precum și alții care și-au păstrat credința urmându-l pe Antipa. Însă erau și alții care nu au putut face la fel.

Domnul a spus că ei au aderat la învățătura lui Balaam și i-a mustrat sever pentru faptele lor.

Balaam a fost ispitit prin bani și faimă

Cine sunt cei care se țineau de învățătura lui Balaam și de învățătura Nicolaiților? Pentru a înțelege aceasta, trebuie să ne uităm la incidentul dintre israeliți și Balaam despre care citim în Numeri capitolele 22-24.

Balaam era fiul lui Beor și locuia lângă râul Petor. El putea vorbi cu Dumnezeu. Într-o zi, Balac, împăratul Moabului, i-a cerut o favoare. Balac i-a cerut lui Balaam să îi blesteme pe israeliți. La acea vreme, ei petrecuseră patruzeci de ani în pustie, după exod, și urmau să intre în țara Canaan.

Balac, împăratul Moabului, a auzit că Dumnezeu era cu israeliții și, când a aflat că aceștia urmau să treacă prin țara lui, s-a umplut de teamă și i-a cerut ajutorul lui Balaam.

Când Balaam L-a întrebat pe Dumnezeu care este voia Lui, El i-a răspuns: „Să nu te duci cu ei; și nici să nu blestemi poporul acela, căci este binecuvântat." (Numeri 22:12)

Când Balaam a primit răspunsul de la Dumnezeu, a refuzat cererea lui Balac. Însă, împăratul Moabului a trimis la Balaam căpetenii în număr mai mare și mai cu vază decât înainte, încărcate cu argint și aur. Atunci, inima lui a fost tulburată. Putem să ne confruntăm și noi cu astfel de situații în viețile noastre.

Dacă îndepărtăm imediat ispita prin Cuvântul lui Dumnezeu, nu vom fi ispitiți din nou. Însă, dacă rămâne loc în inima noastră pentru a fi tulburată câtuși de puțin, Satana ne va ispiti din nou. De asemenea chiar dacă pe din afară părem că am depășit situația, dacă nu am depășit-o în inima noastră, Satana ne va ispiti din nou.

Balaam părea că a trecut primul test. Însă, din moment ce era lacom și avea o dorință egoistă după slavă și bani, a fost ispitit a doua oară. Atunci, Dumnezeu i-a spus: „Fiindcă oamenii aceștia au venit să te cheme, scoală-te și du-te cu ei; dar să faci numai ce-ți voi spune." (Numeri 22:20)

Voia lui Dumnezeu pentru el a fost să nu meargă. Însă, deoarece Dumnezeu a știut inima lui Balaam și de ce Îl întreba din nou, Dumnezeu l-a lăsat să aleagă. În final, Balaam nu a putut învinge ispita banilor. Balaam i-a arătat lui Balac, împăratul Moabului, cum să creeze dificultăți israeliților (Numeri 25:1-2).

Israeliții văzuseră doar pustietate monotonă în jur vreme îndelungată. Se săturaseră de viața din pustie.

Însă, când fuseseră invitați într-un loc de închinare la idoli, au fost expuși dintr-o dată la lucruri lumești. Prin urmare, au mâncat din mâncarea jertfită idolilor și s-au dedat la curvie cu fetele lui

Moab. Atunci nu era ca în zilele noastre când ne putem tăia inima împrejur și ne putem lepăda de păcate cu ajutorul Duhului Sfânt. Ei nu se puteau împotrivi lucrurilor lumești.

Ca pedeapsă, 24.000 de oameni au murit loviți de urgie (Numeri 25:9). Apropo, în 1 Corinteni 10:8, numărul de morți consemnat este 23,000.

Numărul de morți din cartea Numeri, 24.000, include israeliții și femeile Moabite. Pe de altă parte, numărul 23.000 consemnat în 1 Corinteni este doar numărul israeliților. Astfel, dacă citim Biblia prin inspirația Duhului Sfânt putem vedea cât de precisă este această carte.

Domnul spune celor care merg pe calea lui Balaam: „Tu ai acolo niște oameni care țin de învățătura lui Balaam, care a învățat pe Balac". Ce lecție spirituală avem de învățat din această întâmplare?

Un avertisment de a nu trăi viața de creștin după cum credem noi

În primul rând, ne previne să nu trăim viața de creștin după cum credem noi și să compromitem adevărul cu lucrurile lumești. După cum Balaam s-a dus pe calea morții chiar dacă a știut voia lui Dumnezeu, sunt mulți creștini care trăiesc făcând compromisuri cu lumea. Aceasta înseamnă că iubesc lumea și lucrurile din lume mai mult decât pe Dumnezeu.

În special în zilele noastre este adevărat ceea ce scrie în 1Timotei 6:10: „Căci iubirea de bani este rădăcina tuturor relelor; și unii, care au umblat după ea, au rătăcit de la credință și s-au străpuns singuri cu o mulțime de chinuri". Din cauza lăcomiei de bani, ei nu țin Ziua Domnului sau iau din zeciuiala care e a Domnului (Maleahi 3:8).

Deși un slujitor al lui Dumnezeu ar trebui să se preocupe de rugăciune și slujire prin Cuvânt, unii din ei sunt lacomi după bani și slavă, sau fac compromisuri cu lumea.

În Matei 6:24 citim: „Nimeni nu poate sluji la doi stăpâni. Căci sau va urî pe unul și va iubi pe celălalt; sau va ține la unul și va nesocoti pe celălalt; nu puteți sluji lui Dumnezeu și lui Mamona". Nu numai slujitorii lui Dumnezeu ci și copiii lui Dumnezeu trebuie să-L iubească doar pe Dumnezeu și să facă doar voia Sa. Credința noastră nu trebuie să fie precum credința lui Balaam care a făcut compromisuri cu lumea.

Chiar dacă este vorba de un lucru mărunt, dacă nu ne ținem de adevăr și facem compromisuri cu lumea, vom ajunge să cădem din cauza acelui lucru, iar Satana ne va acuza. După cum un pic de drojdie face să dospească toată pâinea, dacă primim câtuși de puțin din lucrarea Satanei, în final, toată mintea noastră va fi acaparată de acesta.

Deseori putem vedea pe cei care au fost odată în lucrarea lui Dumnezeu cum devin pierduți, părăsiți sau decăzuți când au fost întinați de fire. În biserica din Pergam au fost astfel de oameni. În timp ce erau martori la martirajul lui Antipa, totuși, unii din ei duceau o viață de creștin după cum considerau ei că e bine și au ajuns pe calea morții.

Domnul mustră cu asprime nu doar astfel de oameni ca și cei din biserica din Pergam, dar și pe cei din zilele noastre care urmează calea lui Balaam și le spune să se pocăiască.

Un avertisment de a nu avea o minte schimbătoare

În al doilea rând, ar trebui să ne dăm seama de faptul că nu putem avea o minte schimbătoare. Unii spun că Îl iubesc pe Dumnezeu, dar duc o viață de creștin după cum li se pare lor că e bine. Alții, deși o cunosc, leapădă voia lui Dumnezeu din dragoste pentru bani, faimă și autoritate lumească. Să nu fim ca ei.

Cu recunoștință, unii oameni, după ce primesc harul lui Dumnezeu, spun: „Îmi voi dedica toată viața lui Dumnezeu." Însă, mai târziu, când dau de dificultăți în viață, se răzgândesc și spun: „De ce trebuie să trăiesc așa? De ce nu pot avea o viață ușoară de creștin ca alții?"

Balaam a știut voia lui Dumnezeu însă, când a fost ispitit de bani și cinste, inima lui a fost amăgită. Totuși, cei care sunt cu adevărat oameni ai lui Dumnezeu nu se răzgândesc niciodată, nici chiar cu trecerea timpului sau când survin schimbări. Găsim exemple de astfel de oameni în Biblie. Printre ei a fost o femeie dintre neamuri care a fost foarte iubită de Dumnezeu pentru că ea a rămas credincioasă. Este vorba de Rut din Vechiul Testament.

Rut a fost o moabită. S-a căsătorit cu un israelit care plecase din cauza foametei. Soțul ei a murit fără să îi facă copii și avea o cumnată, Orpa, care era în aceeași situație.

Soacra ei, Naomi, a dorit să se întoarcă acasă, în orașul ei natal din țara lui Iuda. Ea le-a spus nurorilor ei să se întoarcă la casa părintească. Era o ofertă generoasă din partea lui Naomi. Altfel, ele trebuiau să își părăsească țara natală, Moab, și să meargă într-un loc pe care nu îl cunoșteau, în țara lui Iuda, fără soț și fără copii.

La început, ambele au spus că își vor urma soacra până la sfârșit. Însă, când Naomi le-a întrebat din nou, cumnata lui Ruth, Orpa, a sărutat-o pe Naomi și a plecat. Rut însă era diferită.

Rut a răspuns: „Nu sta de mine să te las și să mă întorc de la tine! Încotro vei merge tu, voi merge și eu, unde vei locui tu, voi locui și eu; poporul tău va fi poporul meu, și Dumnezeul tău va fi

Dumnezeul meu; unde vei muri tu, voi muri și eu și voi fi îngropată acolo. Facă-mi Domnul ce o vrea, dar nimic nu mă va despărți de tine decât moartea!" (Rut 1:16-17)

Aceste vorbe ne arată clar că Rut avea o inimă statornică, care nu se schimbă în nicio situație sau circumstanță. Inima ei nu s-a schimbat nici după ce a venit în țara lui Iuda, unde și-a slujit soacra din toată inima.

Prin urmare, a primit binecuvântările lui Dumnezeu. Mai târziu, a întemeiat o familie cu un om pe nume Boaz. Mai mult, deși era o femeie dintre neamuri, numele ei a fost trecut în genealogia lui Isus.

Dacă Balaam ar fi avut o inimă adevărată, statornică, nu ar fi neascultat voia lui Dumnezeu când a fost ispitit sau încercat. Însă, în inima lui schimbătoare, lăcomia de bani și de cinste a fost stârnită. A mers pe o cale greșită și a făcut ca mulți oameni să meargă spre pieire.

Trebuie să ne amintim că această lecție despre Balaam este una indispensabilă creștinilor din ziua de azi, care trăiesc în aceste vremuri când păcatul și răul s-au înmulțit foarte mult. Concluzia pe care o putem trage de pe urma acestei lecții este să nu ne trăim viața de creștin după cum ne place. Trebuie să rămânem statornici în orice situație în viața noastră de creștin.

Cei care au urmat învățătura Nicolaiților

În biserica din Pergam, nu erau doar oameni care urmau învățătura lui Balaam, ci și oameni care erau adepții învățăturii Nicolaiților. După cum vedem la biserica din Efes, Nicolaiții au fost ucenicii lui Nicola, care fusese unul dintre cei șapte diaconi ai bisericii primare.

După cum am explicat mai înainte, când oamenii urmează învățătura lui Balaam și trăiesc o viață de creștin făcând compromisuri cu lumea după cum li se pare lor potrivit, se vor adânci mai mult în căile lumești. Dacă fac astfel de compromisuri, vor ajunge să urmeze învățătura Nicolaiților.

Ei credeau că duhul rămâne neîntinat indiferent de cât de mult păcătuiește trupul, prin urmare, duhul poate merge în Cer. Putem vedea că acest lucru este greșit din punct de vedere biblic (1 Corinteni 6:9-10; 1 Tesaloniceni 5:23).

În 1 Ioan 1:7 ni se spune: „Dar dacă umblăm în lumină, după cum El însuși este în lumină, avem părtășie unii cu alții; și sângele lui Isus Hristos, Fiul Lui, ne curăță de orice păcat". Doar când ne lepădăm de păcate și umblăm în lumină putem fi curățați de toate păcatele prin sângele lui Isus Christos.

Cum putem spune că suntem mântuiți dacă continuăm să trăim

în păcat? Când este dusă la extremă, viața de creștin trăită după propriile foloase duce, în final, la învățături cultice care spun că oamenii pot fi mântuiți chiar dacă trăiesc în păcat. Unii credincioși iubesc lumea prea mult și li se pare foarte greu să trăiască pe baza Cuvântului. Le plac învățăturile care le spun că pot să păcătuiască și totuși să fie mântuiți și ajung să urmeze astfel de învățături.

În zilele noastre, se întâlnesc foarte des oameni care trăiesc o viață creștină care slujește propriilor interese, prin urmare, trebuie să avem mare grijă să nu urmăm învățătura Nicolaiților. Dacă ne rugăm fără râvnă, dacă slujim după cum credem noi că trebuie, dacă interpretăm cuvântul și îl ascultăm după cum credem noi că e necesar și spunem: „Este de ajuns, nu trebuie să fac asta", atunci este același lucru cu a urma învățătura Nicolaiților.

Faptele lui Balaam duse la extremă pot conduce la învățătura Nicolaiților

Învățătura lui Balaam duce la slujirea lui Dumnezeu cu o inimă împărțită. Înseamnă a iubi banii și lucrurile materiale, a face compromisuri pentru a avea autoritatea și slava lumii în timp ce, de pe buze, declară că Îl iubesc și Îl slujesc pe Dumnezeu. Implică o schimbare a inimii care la început fusese axată de Dumnezeu, dar acum tânjește după lume. În final, acești oameni cad pe calea care duce la moarte.

Faptele Nicolaițor însă sunt diferite de aceasta. În timp ce păcătuiesc, îi învață pe alții că păcătuirea nu are legătură cu mântuirea și astfel îi ispitesc pe alții să meargă pe calea morții.

Învățătura Nicolaiților pune sub semnul întrebării moartea pe cruce a lui Isus în locul nostru.

Isus a fost țintuit pe cruce prin cuie care I-au străpuns mâinile și picioarele ca să ne răscumpere din păcatele făcute prin fapte. Însă, ei spun că putem fi mântuiți chiar dacă continuăm să păcătuim. Aceasta înseamnă să Îl nesocotim pe Domnul care ne-a răscumpărat cu prețul sângelui Său.

După cum scrie în Galateni 5:13: „Fraților, voi ați fost chemați la slobozenie. Numai nu faceți din slobozenie o pricină ca să trăiți pentru firea pământească, ci slujiți-vă unii altora în dragoste", suntem eliberați de păcat și ne bucurăm de slobozenie prin Isus Christos și nu trebuie să ne pierdem libertatea datorită ispitelor firii.

Desigur, nu înseamnă că dacă păcătuim facem faptele Nicolaiților. Un credincios nou are o credință slabă, nu are destulă tărie să păzească Cuvântul și uneori păcătuiește, se pocăiește și se întoarce. După ce trece de mai multe ori prin aceasta, ajunge să se lepede treptat de păcate.

Să nu uităm însă că dacă călcăm pe urmele lui Balaam și facem compromisuri cu lumea, putem cădea în plasa Satanei și putem fi influențați de învățătura Nicolaiților care cred că pot fi mântuiți când continuă să păcătuiască.

Dumnezeu vrea ca noi să ne pocăim și să ne întoarcem

Domnul spune celor care urmează învățăturile lui Balaam și pe cele ale Nicolaiților: „Pocăiește-te, dar. Altfel, voi veni la tine curând și Mă voi război cu ei cu sabia gurii Mele." (versetul 16)

Dumnezeu vorbește despre „sabia gurii Mele" care se referă la Cuvântul lui Dumnezeu. Prin urmare, „Mă voi război cu ei cu sabia gurii Mele" înseamnă că Domnul le va spune prin Cuvântul Lui ce e bine și ce e rău, ca ei să se poată întoarce. Dragostea lui Dumnezeu este cea care ne cheamă să ne pocăim și să ne întoarcem.

Când un om merge pe o cale greșită, altă persoană îl poate sfătui sau mustra prin Cuvântul lui Dumnezeu. Dacă înțelege și se întoarce, este o binecuvântare. Însă, sunt unii care nu aud chiar dacă au urechi pentru că urechile lor spirituale sunt închise.

După cum citim în proverbe 22:17: „Pleacă-ți urechea și ascultă cuvintele înțelepților, și ia învățătura mea în inimă", dacă suntem copii adevărați ai lui Dumnezeu, trebuie să ne deschidem urechile la Cuvântul lui Dumnezeu, care este adevărul. Chiar dacă Cuvântul pare a fi ca o nuia, trebuie să îi acordăm atenție, să ne descoperim pe noi înșine și să ne schimbăm. Atunci, Cuvântul va fi un bun medicament pentru noi și ne va atinge în profunzime ca să dăm la o parte păcatul.

Însă, cei aroganți și plini de rău în inimă nu vor asculta de Cuvântul lui Dumnezeu care îndeamnă și mustră. Urechile lor se vor pleca mai degrabă la lucruri rele. Astfel, în Proverbe 17:4 citim: „Cel rău ascultă cu luare aminte la buza nelegiuită, și mincinosul pleacă urechea la limba nimicitoare".

Trebuie să fim conștienți că sfârșitul lucrurilor este aproape; să fim înțelepți și să veghem în rugăciune și să fim cu băgare de seamă doar la adevăr. Nu trebuie să ne lăsăm influențați de idei eretice. Chiar dacă am fost sub influența lor, să ascultăm acum vocea lui Dumnezeu care dorește să ne pocăim și să ne îndreptăm.

Promisiunea pe care Domnul a făcut-o Bisericii din Pergam

Cine are urechi să asculte ce zice bisericilor Duhul: „Celui ce va birui îi voi da să mănânce din mana ascunsă şi-i voi da o piatră albă; şi pe piatra aceasta este scris un nume nou pe care nu-l ştie nimeni decât acela care-l primeşte" (Apocalipsa 2:17).

Trebuie să auzim vocea Duhului Sfânt şi să o ţinem minte. Dacă călcăm cât de cât pe urmele lui Balaam sau urmăm învăţăturile Nicolaiţilor, trebuie să ne pocăim şi să ne întoarcem. Putem ieşi învingători când nu ne lepădăm de credinţa în Domnul până la sfârşit. Acestor oameni Domnul le-a promis că le va da mana ascunsă şi o piatră albă.

Promisiunea vieţii veşnice pe care o primim când ne pocăim

Mana ascunsă se referă la Domnul, Isus Christos. Mana era hrana dată israeliților când au trecut prin pustie după exod. În Exodul 16:13 citim că mana „semăna cu bobul de coriandru; era albă și avea un gust de turtă cu miere". Primeau această hrană pentru viața fizică.

Astfel în Ioan 6:49-51 citim: „Părinții voștri au mâncat mană în pustiu, și au murit. Pâinea care Se coboară din cer este de așa fel, ca cineva să mănânce din ea și să nu moară. Eu sunt Pâinea vie care s-a coborât din cer. Dacă mănâncă cineva din pâinea aceasta, va trăi în veac; și pâinea pe care o voi da Eu este trupul Meu pe care Îl voi da pentru viața lumii."

Din punct de vedere spiritual, mana se referă la trupul Domnului care este Cuvântul lui Dumnezeu. Înseamnă că cei care se vor hrăni cu El, vor avea viața veșnică.

Faptul că ni se dă mana ascunsă înseamnă că putem fi mântuiți prin Isus Christos. Promisiunea vieții veșnice este chiar și pentru cei care au trăit o viață de creștin după cum au crezut ei și pentru cei care au urmat învățăturile de la culte, dacă se pocăiesc și se întorc.

De ce a spus Domnul că această mană este ascunsă?

În 1 Corinteni 2:7-8 ni se spune: „Noi propovăduim înțelepciunea lui Dumnezeu, cea tainică și ținută ascunsă, pe care o rânduise Dumnezeu, spre slava noastră, mai înainte de veci, și pe care n-a cunoscut-o niciunul din fruntașii veacului acestuia; căci, dacă ar fi cunoscut-o, n-ar fi răstignit pe Domnul slavei."

Faptul că Isus a venit pe pământ în trup și a murit pe cruce pentru a răscumpăra omenirea din păcat a fost planul lui Dumnezeu care a fost conceput dinainte de începuturi dar misterul nu a putut fi dezvăluit nimănui înainte de vremea hotărâtă, deci a trebuit să fie ascuns. De aceea a numit Isus mana, o mană ascunsă.

Însemnătatea pietrei albe

Domnul spune că va da o piatră albă. Ce este piatra albă? După cum găsim scris în 1 Corinteni 10:4: „și toți au băut aceeași băutură duhovnicească, pentru că beau dintr-o stâncă duhovnicească ce venea după ei; și stânca era Hristos", stânca se referă la Domnul Isus Christos.

Culoarea albă înseamnă că nu este păcat și rău. Prin urmare, piatra albă aici indică faptul că Isus Christos este fără pată și fără zbârcitură și nu are nici păcat, nici întuneric.

Faptul că ni se dă o piatră albă înseamnă că ne crește credința și că stăm pe stânca credinței prin faptul că mâncăm mana, hrana spirituală, și trăim pe baza Cuvântului.

Domnul spune că un nume nou este scris pe piatra albă. În Faptele Apostolilor 4:11-12, scrie: „Piatra lepădată de voi, zidarii, care a ajuns să fie pusă în capul unghiului." În nimeni altul nu este mântuire: căci nu este sub cer niciun alt Nume dat oamenilor în care trebuie să fim mântuiți." Acest nume este Isus Christos.

Doar cei care ascultă de Cuvântul adevărului, îl pun în aplicare și se bazează pe el prin credință pot recunoaște numele Domnului Isus Christos.

Dar oare oamenii din lume nu-L cunosc pe Isus Christos? Nu, nu Îl cunosc! Ei au doar o înțelegere firească. Îl cunosc pe Isus Christos ca pe unul dintre cei Patru Sfinți. Nu știu că Isus Christos este singurul nostru Mântuitor, prin urmare, ei nu pot spune că Îl „cunosc" pe Isus Christos.

Un lucru care mi se pare trist este faptul că și între credincioși sunt oameni care nu cunosc numele Domnului. Deși merg la biserică și mărturisesc că ei cred în Domnul, totuși, asta nu înseamnă că Îl cunosc pe Domnul. Doar cei care țin Cuvântul adevărului pot spune că știu numele Domnului.

Pentru a primi mana ascunsă și piatra albă, trebuie să fie unul dintre cei care înving. A fi învingători înseamnă a trăi în adevăr, a se împotrivi păcatelor întunericului și a merge înainte cu o credință statornică.

Numai cei care sunt învingători pot primi mana și piatra albă pe care este scris numele Domnului ca să poată înțelege cine este Isus Christos, să își pună credința în El, să aibă nădejde pentru

Cer și să trăiască cu bucurie și mulțumire. Cunoștința fără fapte nu îi poate ajuta să crească în credință. Nu pot să creadă cu adevărat în cine este Isus Christos. Nu pot să își întipărească numele Lui în inimă.

Unii oameni nu trăiesc pe baza Cuvântului lui Dumnezeu și își găsesc scuze chiar din versete biblice cum ar fi „duhul este plin de râvnă dar carnea este neputincioasă". Se justifică astfel, însă, acest lucru este doar o scuză. Dacă într-adevăr vor să trăiască pe baza Cuvântului, trăirea se va reflecta și în fapte.

Își doresc doar la nivelul minții, dar nu vor să o facă din adâncul inimii. Dacă ceva vine din adâncul inimii, faptele vor urma.

Dacă un om primește mană de la Domnul și numele lui Isus Christos care a fost ținut ascuns dinainte de întemeierea lumii, atunci el știe și crede în acest nume din inimă. Prin urmare, credința se va reflecta în fapte.

Unor astfel de oameni Domnul le spune: „Vă cunosc", și le dă promisiunea din Ioan 10:28 care spune: „Eu le dau viața veșnică, în veac nu vor pieri, și nimeni nu le va smulge din mâna Mea."

Doar cei care fac fapte conform adevărului pot primi viața veșnică

Mulți oameni spun că ei Îl cunosc și cred în Dumnezeu, dar

nu toți pot fi mântuiți.

În Ioan 3:36 ni se spune: „Cine crede în Fiul are viața veșnică; dar cine nu crede în Fiul nu va vedea viața, ci mânia lui Dumnezeu rămâne peste el". Tot astfel, doar când credem și ascultăm de învățăturile Domnului și ne ținem departe de rău și păcat, putem primi făgăduința mântuirii prin Isus Christos. Aceștia sunt cei care cunosc numele lui Isus Christos.

Nu este destul ca să noi să-L cunoaștem pe Domnul, trebuie ca Domnul Însuși să ne cunoască pe noi.

În Ioan 10:25-27 ni se arată clar cui i se adresează Domnul când spune „Vă cunosc". Iată spusele Lui: „«V am spus», le-a răspuns Isus, «și nu credeți». «Lucrările pe care le fac Eu, în Numele Tatălui Meu, ele mărturisesc despre Mine. Dar voi nu credeți, pentru că, după cum v-am spus, nu sunteți din oile Mele. Oile Mele ascultă glasul Meu; Eu le cunosc, și ele vin după Mine»".

De asemenea, în 1 Ioan 1:6-7 citim: „Dacă zicem că avem părtășie cu El, și umblăm în întuneric, mințim și nu trăim adevărul. Dar dacă umblăm în lumină, după cum El însuși este în lumină, avem părtășie unii cu alții; și sângele lui Isus Hristos, Fiul Lui, ne curăță de orice păcat".

Doar cel ce umblă în lumină și se poartă conform adevărului are părtășie cu Dumnezeu. Acest fel de persoană este una care

Îl cunoaște cu adevărat pe Dumnezeu și pe Domnul și poate fi iertată de toate păcatele prin sângele lui Isus Christos.

Isus a vorbit doar de adevăr și bunătate și a făcut multe semne și minuni în numele lui Dumnezeu Tatăl. Însă, în acele timpuri, erau oameni care nu credeau. Lor le-a spus: „Dar voi nu credeți, pentru că, după cum v-am spus, nu sunteți din oile Mele." (Ioan 10:26)

Însă, dacă sunt dintre oile Domnului, ei vor crede în Domnul pe baza Cuvântului Lui și vor face fapte pe măsură. Dacă cred în El, Îi vor asculta vocea și Îl vor urma. Astfel de oi sunt ale Domnului și El le spune: „Ești oița mea. Te cunosc".

Prin urmare, trebuie să ascultăm Cuvântul lui Dumnezeu, să umblăm în adevăr și să beneficiem de promisiunea vieții veșnice date de Domnul ca să aducem roadă în toate aspectele vieților noastre.

CAPITOLUL 4

BISERICA DIN TIATIRA:
- Compromisul cu lumea
și mâncatul din lucrurile jertfite idolilor

Faptele celor din biserica din Tiatira în lucrarea pentru Împărăția lui Dumnezeu au fost mai multe decât înainte. Au fost lăudați de Domnul pentru aceasta, însă au primit și o mustrare de la El pentru că au mâncat din ceea ce era jertfit idolilor, au tolerat-o pe Izabela, proorocița falsă, și s-au compromis cu lumea.

Acesta a fost mesajul transmis bisericilor și credincioșilor care fac compromisuri cu lumea și care trăiesc o viață de creștin după placul lor.

Apocalipsa 2:18-29

Îngerului Bisericii din Tiatira scrie-i: „Iată ce zice Fiul lui Dumnezeu, care are ochii ca para focului și ale cărui picioare sunt ca arama aprinsă: "Știu faptele tale, dragostea ta, credința ta, slujba ta, răbdarea ta și faptele tale de pe urmă, că sunt mai multe decât cele dintâi.

Dar iată ce am împotriva ta: tu lași ca Izabela, femeia aceea care se zice prorociță, să învețe și să amăgească pe robii Mei să se dedea la curvie și să mănânce din lucrurile jertfite idolilor. I-am dat vreme să se pocăiască, dar nu vrea să se pocăiască de curvia ei! Iată că am s-o arunc bolnavă în pat; și celor ce preacurvesc cu ea am să le trimit un necaz mare, dacă nu se vor pocăi de faptele lor. Voi lovi cu moartea pe copiii ei. Și toate bisericile vor cunoaște că „Eu sunt Cel ce cercetez rinichii și inima"; și voi răsplăti fiecăruia din voi după faptele lui.

Vouă însă tuturor celorlalți din Tiatira, care nu aveți învățătura aceasta și n-ați cunoscut "adâncimile Satanei", cum le numesc ei, vă zic: „Nu pun peste voi altă greutate.

Numai țineți cu tărie ce aveți, până voi veni!

Celui ce va birui și celui ce va păzi până la sfârșit lucrările Mele îi voi da stăpânire peste neamuri. Le va cârmui cu un toiag de fier și le va zdrobi ca pe niște vase de lut, cum am primit și Eu putere de la Tatăl Meu. Și-i voi da luceafărul de dimineață." Cine are urechi să asculte ce zice bisericilor Duhul."

Scrisoarea din partea Domnului către Biserica din Tiatira

Îngerului Bisericii din Tiatira scrie-i: „Iată ce zice Fiul lui Dumnezeu, care are ochii ca para focului şi ale cărui picioare sunt ca arama aprinsă" (Apocalipsa 2:18).

Tiatira, la vremea aceea, se bucura de prosperitate în comerț și meșteșugărit. Oamenii care aveau aceeași îndeletnicire se organizau în grupuri asemenea breslelor din zilele de azi. Era breasla vopsitorilor, a țesătorilor, a brutarilor, a olarilor, a fierarilor şi așa mai departe. Breslele erau parte integrantă din viața cetățenilor din Tiatira. Dacă nu făceau parte dintr-o breaslă, le era greu să îşi ducă traiul de zi cu zi.

Problema era însă că fiecare breaslă îşi venera zeitatea protectoare. Activitatea fiecărei bresle avea în fond un caracter religios. La întâlnirile breslelor, oamenii făceau rituraluri religioase pentru zeitățile protectoare. După ceremonie, mâncau din ceea ce era jertfit idolilor, iar membrii breslelor trebuiau să participe în activități caracterizate de desfrânate și lascivitate. Chiar dacă ei nu erau de acord cu așa ceva, erau obligați să participe.

Ne putem imagina cât le era de greu să își mențină credința. Credincioșii bisericii din Tiatira au trebuit să se alăture breslelor ca să poată supraviețui. Unii dintre aceștia au participat în ritualuri și obiceiuri imorale pentru a nu-și pierde posibilitatea de a-și câștiga pâinea.

Ochii Domnului sunt ca para focului, iar picioarele Lui sunt ca arama aprinsă

Versetul 18 descrie înfățișarea Domnului care îi scrie îngerului bisericii din Tiatira: „Fiul lui Dumnezeu, care are ochii ca para focului și ale cărui picioare sunt ca arama aprinsă". Aceasta înseamnă că ochii Lui strălucesc ca o flacără în întuneric și produc o senzație de căldură.

În același timp, ochii Lui sunt ca o flacără de foc care arde tot păcatul și întunericul și discern cu acuratețe între adevăr și neadevăr. Domnul Își folosește ochii precum o flacără de foc ca să cerceteze inima, gândurile și ce e în mintea fiecăruia. De aceea spune că ochii Lui sunt ca o flacără de foc.

Ce înseamnă că „picioarele Lui sunt ca arama aprinsă"? În Apocalipsa 1:15 vedem că „picioarele Lui erau ca arama aprinsă". Când purificăm în cuptor aurul, argintul și bronzul la temperaturi ridicate, impurităţile sunt îndepărtate.

Cu cât metalul este mai pur, cu atât valoarea sa este mai mare. Devine mai strălucitor şi mai atrăgător decât înainte de rafinare. Picioarele Domnului sunt pure şi strălucitoare ca şi acest bronz rafinat. Putem spune că picioarele sunt cele mai murdare părţi ale corpului, însă picioarele Domnului sunt curate pentru că El este sfânt şi desăvârşit.

Biblia spune că ochii Domnului sunt ca flacăra focului şi picioarele precum arama aprinsă din cauză că dorinţa lui Dumnezeu este să ne dăm din nou seama cât de glorios şi maiestuos este El.

De asemenea, subliniază că Domnul este Fiul lui Dumnezeu. El judecă toate lucrurile. El este cum nu se poate mai sfânt şi maiestuos şi este una cu Dumnezeu, atotputernicul Creator. El va judeca toate lucrurile şi nu poate fi comparat cu nicio creatură, cum ar fi omul sau cu vreun idol făcut de mâini omeneşti. Lui I se cuvine toată slava.

În Ioan 20:31 citim: „Dar lucrurile acestea au fost scrise pentru ca voi să credeţi că Isus este Hristosul, Fiul lui Dumnezeu; şi, crezând, să aveţi viaţa în Numele Lui", iar în 1 Ioan 4:15 ni se spune „Cine va mărturisi că Isus este Fiul lui Dumnezeu, Dumnezeu rămâne în el, şi el în Dumnezeu".

Singurul căruia trebuie să ne închinăm şi pe care trebuie să-L slujim este Domnul Isus, care este una cu Dumnezeu. Nu trebuie să existe nicio altă ființă sau alt obiect al închinării.

Cazuri actuale care se aseamănă cu cel al bisericii din Tiatira

În zilele noastre, unele biserici acceptă credințele locale din diferite zone sub pretextul toleranței religioase față de indigeni.

O biserică permite coreenilor să se închine strămoșilor lor. Ei spun că și-au pus credința în singurul Dumnezeu și în Isus Christos, mântuitorul lor, însă fac un astfel de lucru. Desigur, a onora faptele strămoșilor și a fi recunoscători pentru ceea ce au făcut nu este un lucru greșit. Însă, când sunt acceptate ritualuri care implică sacrificii datorită unor obligații morale, se va ajunge la o împotrivire față de adevăr și față de Cuvântul lui Dumnezeu.

Astfel, în 1 Corinteni 10:20 găsim scris cu claritate: „Dimpotrivă, eu zic că ce jertfesc Neamurile jertfesc dracilor, și nu lui Dumnezeu. Și eu nu vreau ca voi să fiți în împărtășire cu dracii".

Recent, niște biserici protestante au început să susțină ceva similar și să se unească cu alte religii închinătoare la idoli și să rostească binecuvântări asupra lor. Ei spun că acest lucru înseamnă o inimă deschisă, care caută unitatea în rândurile oamenilor.

Însă, Dumnezeu nu se bucură niciodată când bisericile dau

mâna cu alte religii care se închină la idoli. Este o blasfemie la adresa lui Dumnezeu să se trimită felicitări la sărbătoarea unor zeități păgâne sau să se aducă închinători la idoli în casa lui Dumnezeu. Chiar dacă nu au intenția să-L hulească pe Dumnezeu, ei se împotrivesc voii lui Dumnezeu și chiar se ridică împotriva Lui, fără să cunoască adevărul pe deplin.

Fapte făcute din necunoașterea adevărului

Un exemplu de necunoaștere a adevărului este slujirea și închinarea la fecioara Maria, care L-a conceput pe Isus prin Duhul Sfânt. Desigur, ei nu spun că se închină Mariei ca unui idol, ci mai degrabă spun că îi acordă respect pentru că L-a născut pe Mântuitorul, pe Domnul Isus.

Cert este că, în final, ei îi determină pe cei care nu pot discerne adevărul cu claritate pentru că nu-L cunosc să își plece genunchiul și să se roage înaintea unei simple creaturi.

În Ioan 19:26-27 citim următoarele: „Când a văzut Isus pe mama Sa, și lângă ea pe ucenicul pe care-l iubea, a zis mamei Sale: «Femeie, iată fiul tău!» Apoi, a zis ucenicului: «Iată mama ta!» Și, din ceasul acela, ucenicul a luat o la el acasă."

Când Isus i-a spus fecioarei Maria iată fiul tău, El se referea la ucenicul lui, Ioan, care stătea lângă ea, iar Isus l-a numit „fiul tău". Isus nu s-a numit pe sine „Fiu", iar fecioarei Maria i-a spus „femeie", nu „mamă".

Nu există niciun loc în Biblie în care Isus să o numească pe fecioara Maria „mamă". În Ioan capitolul 2, Isus a schimbat apa în vin și s-a adresat fecioarei Maria astfel: „Femeie, ce am a face Eu cu tine? Nu Mi-a venit încă ceasul." (versetul 4) El a numit-o pe fecioara Maria „femeie".

În Exodul 3:14, Dumnezeu i-a zis lui Moise: „Eu sunt Cel ce sunt." Nimeni nu I-a dat naștere lui Dumnezeu, nimeni nu L-a creat. Prin urmare, Isus, care este una cu Dumnezeu Tatăl, nu o poate numi pe fecioara Maria, o simplă creatură, „mamă".

Isus nu a fost conceput de către sperma lui Iosif și ovulul Mariei, El a fost conceput doar prin puterea lui Dumnezeu Duhul Sfânt. Atotputernicul Dumnezeu poate face concepția posibilă chiar și fără a avea nevoie de spermă și ovul. Isus doar a împrumutat trupul Mariei.

În Exodul 20:3-5 ni se spune: „Să nu ai alți dumnezei afară de Mine. Să nu-ți faci chip cioplit, nici vreo înfățișare a lucrurilor care sunt sus în ceruri, sau jos pe pământ, sau în apele mai de jos decât pământul. Să nu te închini înaintea lor și să nu le slujești."

Ei poate consideră că nu se închină la idoli, dar datorită modului de gândire omenesc, unii oameni se închină idolilor și se împotrivesc astfel voii lui Dumnezeu.

Dacă ei continuă să se împotrivească adevărului deși cunosc voia lui Dumnezeu, nu pot primi harul lui Dumnezeu, nici ajutor de la Duhul Sfânt, prin urmare, intră sub autoritatea Satanei.

Alte forme de împotrivire față de adevăr

Pe lângă acest lucru, în diferite domenii din viață, sunt mai multe exemple de lucruri care reprezintă o împotrivire față de adevăr. De exemplu, unele biserici permit fumatul și consumul de alcool. Este acest lucru acceptabil? Fumatul și băutul s-ar putea să nu fie o problemă în sine. Problema este că acestea conduc la multe lucruri păcătoase.

În 1 Corinteni 3:17 citim: „Dacă nimicește cineva templul lui Dumnezeu, pe acela îl va nimici Dumnezeu; căci templul lui Dumnezeu este sfânt, și așa sunteți voi". După cum scrie, trupurile noastre sunt templul sfânt al lui Dumnezeu și nu trebuie să fie întinate de fumat și consum de alcool.

De asemenea, sunt unii oameni care nu își mărturisesc păcatele înaintea lui Dumnezeu, însă, înaintea altora se poartă ca mediatori. Isus Christos Însuși a devenit mijlocitorul nostru și ne-a răscumpărat pe toți de păcate pentru a deveni copii adevărați ai lui Dumnezeu. Oare cât de mult Îl întristează pe Isus să vadă acest lucru și astfel de oameni?

Când Isus a murit pe cruce, perdeaua dinăuntrul templului s-a rupt în două de sus până jos. Acest lucru a însemnat că acum este posibilă o comunicare directă cu Dumnezeu. În Vechiul Testament, marele preot a oferit jertfa în locul tuturor oamenilor pentru iertarea păcatelor. Însă, din moment ce Isus Christos a devenit jertfa de ispășire, suntem îndreptățiți să comunicăm direct cu Dumnezeu.

Oricine crede în Isus Christos poate intra în templul sfânt al lui Dumnezeu pentru a I se închina. Când ne rugăm, ne putem ruga direct lui Dumnezeu, fără intermediul unui preot sau profet.

Mai mult, chiar dacă cineva spune: „Păcatele îți sunt iertate", totuși păcatele noastre nu pot fi iertate doar prin auzirea acestor cuvinte. Doar Dumnezeu poate să ne ierte păcatele.

Poate cineva întreabă: „Ce înseamnă atunci cuvintele Domnului spuse ucenicilor Săi după înviere, pe care le găsim în Ioan 20:23: „Celor ce le veți ierta păcatele, vor fi iertate; și celor ce le veți ține, vor fi ținute"? Aceste spuse nu se pot aplica în mod universal la toți.

Cel căruia i se aplică trebuie să fie un om care a devenit una cu Dumnezeu și cu Domnul și este iubit și validat de El. După cum scrie în Iacov 5:16: „Mare putere are rugăciunea fierbinte a celui neprihănit", rugăciunea unui om neprihănit și validat de Dumnezeu poate aduce mila și compasiunea lui Dumnezeu.

Aceasta nu înseamnă că păcatele cuiva se pot șterge necondiționat. Cheia de a primi iertarea păcatelor este la persoana însăși.

În 1 Ioan 1:7 citim: „Dar dacă umblăm în lumină, după cum El însuși este în lumină, avem părtășie unii cu alții; și sângele lui Isus Hristos, Fiul Lui, ne curăță de orice păcat." Putem fi iertați prin sângele sfânt al lui Isus doar când ne pocăim pe deplin de păcat, ne întoarcem de pe calea noastră și umblăm în lumină.

Dacă vom continua să umblăm în întuneric fără să ne pocăim și să ne întoarcem, indiferent cât de mult s-ar ruga pentru noi un om iubit și validat de Dumnezeu, nu vom fi iertați de El.

Dacă ne rugăm lui Dumnezeu să primim iertare printr-un intermediar, prin aceasta arătăm că nu cunoaștem bine Biblia și facem un lucru care e departe de voia lui Dumnezeu.

Îndemnul Domnului pentru biserica din Tiatira

Știu faptele tale, dragostea ta, credința ta, slujba ta, răbdarea ta și faptele tale de pe urmă, că sunt mai multe decât cele dintâi (Apocalipsa 2:19).

Isus spune bisericii din Tiatira: „Știu faptele tale, dragostea ta, credința ta, slujba ta, răbdarea ta și faptele tale de pe urmă, că sunt mai multe decât cele dintâi". Cineva se poate gândi că aceasta este de fapt o laudă din partea Domnului, dar în realitate, nu este. Este doar o afirmație că faptele lor de pe urmă sunt mai multe decât cele dintâi.
Spre deosebire de biserica din Efes, care și-a pierdut dragostea dintâi și a primit o mustrare de la Domnul, biserica din Tiatira a avut mai multe fapte cu trecerea timpului.

Dragostea, credința, slujirea și perseverența bisericii din Tiatira

În primul rând, au fost lăudați pentru munca lor. Când vorbim aici de muncă, nu ne referim la activități de producție sau la afaceri, ci la faptele făcute în slujba Domnului. Este lucrarea pentru Împărăția lui Dumnezeu și tot ce este făcut pentru Domnul, inclusiv mântuirea sufletelor.

Evanghelizarea, vizitele, lucrările misionare, lucrările de caritate, credincioșia față de îndatoririle date de Dumnezeu sunt alte exemple de astfel de lucrări.

Scopul bisericii este doar pentru mântuirea sufletelor și pentru Împărăția lui Dumnezeu. Unii oameni se implică într-o afacere sau alta și spun că o fac pentru Împărăția lui Dumnezeu, dar de fapt în inima lor o fac pentru folosul propriu.

Într-un astfel de caz, Dumnezeu nu este mulțumit și vor apărea necazuri. Prin urmare, nu trebuie să fie nimic în biserică care să aibă de a face cu afacerile lumești. Mai mult, nu este plăcut înaintea lui Dumnezeu să avem conversații în biserică despre lucruri care țin de lume.

Mai apoi, biserica din Tiatira avea dragoste. Trebuie să avem doar dragoste în Domnul și această dragoste trebuie să fie dragostea neschimbătoare pe care ne-a arătat-o Dumnezeu. Aceasta este dragostea spirituală și adevărată și doar cei care o au Îi aparțin lui Dumnezeu.

Voia lui Dumnezeu este să ne iubim unii pe alții (1 Ioan 4:7-8), aceasta fiind noua poruncă pe care am primit-o. Trebuie să Îl iubim pe Dumnezeu în primul rând și apoi pe aproapele nostru ca pe noi înșine.

Cei din biserica din Tiatira aveau și credință. Credința este direct legată de adevăr. Un om nu poate să îi creadă pe alții când nu are sinceritate în inimă. Numai când o persoană este sinceră în inima sa poate vedea adevărul în alții și poate avea încredere și se poate baza pe ei.

Același lucru se aplică și la credință. În funcție de cât adevăr avem în inimă, putem să credem Cuvântul lui Dumnezeu, care este adevărul. În Evrei 10:22 citim următorul îndemn: „să ne apropiem cu o inimă curată, cu credință deplină, cu inimile stropite și curățate de un cuget rău și cu trupul spălat cu o apă curate." Prin urmare, când avem inimi sincere, putem avea credință adevărată.

În biserica din Tiatira exista slujire. Deși Domnul a existat în forma lui Dumnezeu, El nu a luat ca un lucru de apucat să fie deopotrivă cu Dumnezeu (Filipeni 2:6).

După cum scrie în Marcu 10:45 – „Căci Fiul omului n-a venit să I se slujească, ci El să slujească și să-Și dea viața răscumpărare pentru mulți" – Isus a venit să ne slujească, nu să fie slujit.

Prin urmare, în calitate de copii ai lui Dumnezeu, trebuie să Îi urmăm exemplul și să ne slujim unii pe alții. Însă, slujirea pe care o așteaptă Dumnezeu de la noi este cea care vine din adâncul inimii. Când îi slujim, trebuie să îi considerăm pe alții mai buni decât noi. Astfel, putem să îi slujim nu doar pe din afară, ci din adâncul inimii. De asemenea, putem să fim respectați și slujiți de alții din toată inima în egală măsură.

Ultima caracteristică a bisericii din Tiatira a fost perseverența. În Matei 7:13-14 citim: „Intrați pe poarta cea strâmtă. Căci largă este poarta, lată este calea care duce la pierzare, și mulți sunt cei ce intră pe ea. Dar strâmtă este poarta, îngustă este calea care duce la viață, și puțini sunt cei ce o află."

Din moment ce calea care ne duce spre Cer este strâmtă, pentru a merge pe ea, avem nevoie de perseverență. Trebuie să ne luptăm împotriva păcatului până la sânge. Este nevoie să ne rugăm, să postim și să fim credincioși pentru Împărăția lui Dumnezeu. Uneori s-ar putea să suferim din pricina numelui Domnului.

Când avem o credință slabă, putem crede că drumul este foarte greu și vrem să ne odihnim. Însă, în Romani 8:18 citim: „Eu socotesc că suferințele din vremea de acum nu sunt vrednice să fie puse alături cu slava viitoare, care are să fie descoperită față de noi." Din moment ce știm ce roade bogate vom culege după ce răbdăm toate aceste lucruri, ne putem ridica și putem merge în continuare pe calea strâmtă.

De fapt, din momentul în care stăm ferm pe stânca credinței, nu ne vom mai simți obligați să mergem pe calea îngustă cu perseverență. Romani 5:3-4 spune: „Ba mai mult, ne bucurăm chiar și în necazurile noastre; căci știm că necazul aduce răbdare, răbdarea aduce biruință în încercare, iar biruința aceasta aduce nădejdea." După cum scrie aici, putem să ne îndreptăm spre Cer cu inimi pline de pace.

Dumnezeu dorește o inimă plină de adevăr și credință adevărată

După cum am spus anterior, încurajarea Domnului pentru biserica din Tiatira nu a fost de fapt o încurajare. Nu au primit-o pentru că faptele, dragostea și credința erau plăcute Domnului, ci pentru că faptele lor din urmă au fost mai multe decât cele dintâi.

Deci, faptele lor din urmă erau mai multe decât cele dintâi, dar „faptele" erau mai multe doar pe din afară. Prin urmare, îndemnul Domnului era să se cerceteze să vadă dacă faptele lor erau cu adevărat făcute în adevăr.

Pe din afară, faptele bune păreau să fie fapte mai mari, dar cu ce scop erau făcute? Nu se sugerează că faptele lor bune în ele însele ar fi fost rele, ci că trebuiau să vadă dacă nu cumva scopul lor era să arate în fața oamenilor că erau buni.

Lucrul important nu este ce se arată pe din afară, ci inima

lăuntrică a omului și faptele făcute cu credință adevărată. Putem face lucrări mari pentru Domnul și putem avea fapte făcute cu dragoste, credință, slujire și perseverență; dar, dacă aceste lucruri nu vin din adâncul inimii, nu pot fi fapte și lucrări adevărate.

De exemplu, putem să-i ajutăm pe cei în nevoie. Însă, dacă o facem pentru propria satisfacție sau din dorința de a ne mândri, gândindu-ne: „Facem multe din aceste fapte bune. Așa arată dragostea și credința!", înaintea lui Dumnezeu, ele nu sunt fapte adevărate pentru că El se uită la inimă.

Sunt situații în care unii oameni par a fi credincioși în lucrarea lui Dumnezeu și par să ducă o viață de credință plină de râvnă, dar, totuși, nu sunt validați de Dumnezeu. Ei par a fi creștini buni, fac multe acțiuni de voluntariat, slujesc pe alții și fac fapte bune, însă este foarte probabil că au încetat să își mai taie împrejur inima.

Nu fac lucrurile din plinătatea Duhului, nici datorită nădejdii lor pentru Cer, ci o fac prin eforturi firești. Desigur, trebuie să facem cât mai multă muncă de voluntariat și să ne implicăm în multe lucrări la biserică, pentru că este normal să facem lucruri plăcute lui Dumnezeu.

Însă, cel mai important lucru este să căutăm din adâncul inimii noastre harul lui Dumnezeu și tăria pe care ne-o dă El și să devenim cât mai plini de duh. Doar atunci putem face voluntariat, iar slujirea noastră devine rodul credinței adevărate.

Credința fără fapte este moartă, dar faptele fără credință sunt deșertăciune. Oricât de multe lucruri facem în numele Domnului, dacă nu depunem eforturi să ne lepădăm de răul din inima noastră și nu ne ducem viața prin lucrările Duhului Sfânt, atunci nu avem credință spirituală și viața respectivă nu se poate numi o viață creștină spirituală.

Putem părea lucrători plini de râvnă, dar nu vom crede și nu vom asculta cuvântul care nu este pe placul nostru. Nu vom putea înțelege inima lui Dumnezeu și nu vom putea înțelege cuvintele profund spirituale pe care le vom primi. Vom rămâne la un nivel de credință firească, iar faptele făcute prin acest tip de credință pot fi lăudate de cei care se uită doar la aparențe, dar nu și de Dumnezeu, care se uită la inimă.

Chiar și în zilele noastre, putem duce o viață de creștin care nu vine dintr-o inimă sinceră, ci este doar pentru aparențe care să fie doar de ochii lumii. Prin urmare, trebuie să ne cercetăm, să vedem ce fel de motivații avem în inimă.

Cu puțină vreme în urmă, a murit o călugăriță care și-a petrecut mare parte a vieții ajutând pe cei în nevoie. A primit premiul Nobel pentru Pace. Și-a dedicat întreaga viață celor nevoiași.

Însă, putem vedea ce viață de credință a avut dintr-o scrisoare pe care a scris-o. Revista TIME a consemnat că ea nu a simțit existența lui Dumnezeu de când a început să-i ajute pe cei săraci, până când a murit. A comparat durerea din inima ei cu durerea din iad și avea îndoieli cu privire la existența Cerului și a lui Dumnezeu.

A fost recunoscută și lăudată de oameni pentru devotamentul ei față de săraci, însă credința ei nu era o credință care putea fi recunoscută de Dumnezeu. Prin urmare, nu a putut să ducă o viață în Christos prin care să-L întâlnească pe Dumnezeu și să primească răspunsuri de la El.

Faptele noastre de la sfârșit trebuie să fie mai bune decât cele de la început și, în același timp, trebuie să avem fapte sincere și o credință adevărată care poate fi recunoscută de Dumnezeu.

MUSTRAREA DOMNULUI CĂTRE BISERICA DIN TIATIRA

Dar iată ce am împotriva ta: tu lași ca Izabela, femeia aceea care se zice prorociță, să învețe și să amăgească pe robii Mei să se dedea la curvie și să mănânce din lucrurile jertfite idolilor. I-am dat vreme să se pocăiască, dar nu vrea să se pocăiască de curvia ei! Iată că am s o arunc bolnavă în pat; și celor ce preacurvesc cu ea am să le trimit un necaz mare, dacă nu se vor pocăi de faptele lor. Voi lovi cu moartea pe copiii ei. Și toate bisericile vor cunoaște că "Eu sunt Cel ce cercetez rinichii și inima"; și voi răsplăti fiecăruia din voi după faptele lui (Apocalipsa 2:20-23).

Cei din Biserica din Tiatira aveau o râvnă și credincioșie firească, dar nu se străduiau să își taie inimile împrejur. De aceea au păcătuit când au mâncat din ceea ce era jertfit idolilor și erau înșelați de o prorociță falsă cum era Izabela. Prin urmare, Domnul i-a mustrat pentru aceasta.

Biserica din Tiatira a primit-o pe Izabela, o prorociță care s-a promovat pe sine

Izabela era fiica împăratului sidonienilor din secolul nouăsprezece î.Hr. Ea s-a căsătorit cu Ahab, împăratul lui Israel. Când s-a căsătorit cu el, a adus idolii din țara ei în Israel, iar mai apoi Ahab, împăratul, precum și slujitorii și oamenii, au devenit întinați de închinarea la idoli.

Deși Ilie, omul lui Dumnezeu, a făcut să cadă foc din cer și ploaie prin puterea lui Dumnezeu, ea nu s-a pocăit, ci a încercat să-l omoare pe Ilie. A făcut mult rău și l-a influențat pe împăratul Ahab prin planuri mârșave. Izabela a făcut rău după rău, iar în final a avut parte de o moarte cruntă, după cum a profețit Ilie.

Împăratul Ahab a fost blestemat de Dumnezeu și a murit o moarte groaznică pe câmpul de luptă.

Israel a avut de suferit din cauza Izabelei. Motivul pentru care nu a plouat în țară timp de trei ani și jumătate a fost acela că Dumnezeu Și-a întors fața de la ei pentru că erau pătați de păcatele Izabelei (1 Împărați 17:1; Iacov 5:17).

Biserica din Tiatira a tolerat în biserică sursa păcatului Izabelei și oamenii au devenit întinați de păcate.

În 2 Corinteni 6:14-16 ni se spune: „Nu vă înjugați la un jug nepotrivit cu cei necredincioși. Căci ce legătură este între neprihănire și fărădelege? Sau cum poate sta împreună lumina cu întunericul? Ce înțelegere poate fi între Hristos și Belial? Sau ce legătură are cel credincios cu cel necredincios?" Cum se împacă Templul lui Dumnezeu cu idolii? Căci noi suntem Templul Dumnezeului celui viu, cum a zis Dumnezeu: «Eu voi locui și voi umbla în mijlocul lor; Eu voi fi Dumnezeul lor, și ei vor fi poporul Meu.»"

Dumnezeu îi avertizează pe copiii Săi de multe ori în Biblie spunându-le să nu se întovărășească cu oameni răi. Mai mult, să nu ne lăsăm duși de mersul lumii acesteia și să nu ne lăsăm ispitiți de neadevăr.

Când ne întovărășim cu cei care se ridică împotriva lui Dumnezeu, fie în viața individuală, fie în căsătorie, fie în afaceri, vom avea parte de necazuri și încercări. Indiferent cât de mult încercăm, dacă suntem legați de cei care se ridică împotriva voii lui Dumnezeu, vom avea obstacole în calea credinței noastre și vom putea fi ispitiți de lume.

Când două vite sunt puse la același jug și una din ele începe să meargă în altă direcție sau devine leneșă, indiferent cât de mult încearcă cealaltă, ea nu poate merge de una singură în direcția în care trebuia să meargă. Tot astfel, dacă ne legăm cu cei care nu sunt adecvați înaintea lui Dumnezeu, vom avea piedici în creșterea spirituală și va fi mai greu să fim binecuvântați. Nu înseamnă că trebuie să evităm fără motiv pe oricine nu crede în Domnul, fie acasă, fie la serviciu, dar trebuie să nu tolerăm oameni ca Izabela și să nu fim legați de ei.

Biserica din Tiatira a fost mustrată pentru că a mâncat din lucrurile jertfite idolilor

Domnul a dat bisericii un cuvânt de mustrare pentru că oamenii o tolerau pe Izabela, femeia care se numea prorociță, făceau lucruri imorale și mâncau ce era închinat idolilor.

Aici, „a mânca lucruri jertfite idolilor" nu se referă doar la a mânca lucruri care au fost oferite ca jertfă idolilor. Era mai degrabă o avertizare la adresa lucrurilor rele care se făceau când se mânca ce era jertfit idolilor. Oamenii participau în activitățile imorale ale închinătorilor la idoli. Aceasta era o problemă mai serioasă.

În Faptele Apostolilor, capitolul 15, putem vedea că apostolii și prezbiterii au sfătuit neamurile care au primit Evanghelia să se ferească de lucrurile jertfite idolilor, de sânge, de dobitoace sugrumate și de curvie.

Evreii din acea vreme au crescut cu respectarea cu strictețe a legii. Nu le era greu să nu se atingă de ce le-a interzis Dumnezeu.

Pentru neamuri, însă, nu era uşor să ţină toată legea. Prin urmare, la întâlnirea cu apostolii, s-a decis să dea credincioşilor dintre neamuri mai multă libertate cu excepţia anumitor lucruri.

Le-au spus să se ţină departe de lucrurile închinate idolilor ca să nu se întineze prin închinarea la idoli şi prin celelalte păcate care se făceau acolo în timp ce se aduceau jertfe idolilor. Dar, în 1 Timotei 4:4 găsim scris: „Căci orice făptură a lui Dumnezeu este bună, şi nimic nu este de lepădat, dacă se ia cu mulţumiri."

Prin urmare, nu putem considera mâncatul din ce a fost jertfit idolilor ca fiind un păcat în sine, ci doar dacă participau la închinarea la idoli. Deşi mâncarea era înaintea idolilor, din moment ce toată mâncarea este dată de Dumnezeu, dacă putem să o mâncăm prin credinţă, nu are importanţă.

Însă, în 1 Corinteni 8:7 citim: „Dar nu toţi au cunoştinţa aceasta. Ci unii, fiind obişnuiţi până acum cu idolul, mănâncă un lucru ca fiind jertfit unui idol; şi cugetul lor, care este slab, este întinat". Cu alte cuvinte, dacă cineva nu este destul de deprins în cele ale credinţei şi mănâncă ce a fost jertfit idolilor considerând că face un păcat, conştiinţa lui este întinată pentru că face un lucru pe care îl consideră păcat.

Mai mult, în 1 Corinteni 8:10 scrie: „Căci dacă te vede cineva pe tine, care ai cunoştinţă, că şezi la masă într-un templu de idoli, cugetul lui, care este slab, nu-l va împinge pe el să mănânce din lucrurile jertfite idolilor?" Dacă un om care are credinţă slabă vede pe un alt om, pe care îl consideră a avea o credință puternică, că mănâncă într-un templu al idolilor, s-ar putea să creadă că și poate să mănânce din ce a fost jertfit idolilor. Dacă începe să mănânce din ce a fost jertfit idolilor fără prea mult discernământ, poate ajunge să fie părtaș la păcate mai mari.

Prin urmare, chiar dacă avem o credință suficient de puternică și putem mânca din ce a fost jertfit idolilor, dacă suntem o pricină de păcătuire pentru frații mai slabi, este mai bine să nu mâncăm acele mâncăruri.

Însemnătatea spirituală a imoralității și a lucrurilor jertfite idolilor

Lucrurile imorale și mâncatul lucrurilor jertfite idolilor nu se referă doar la faptele făcute. În sens spiritual, când copiii lui Dumnezeu iubesc ceva mai mult decât pe El, sau se închină idolilor pe care Dumnezeu îi urăște, acesta este un act de imoralitate spirituală.

De asemenea, când ne aliniem cu oameni care ispitesc credincioșii să cadă în plăceri lumești, să caute neadevăruri și să fie părtași la acestea, este ca și cum am mânca ce a fost jertfit idolilor. Când biserica din Tiatira a îngăduit-o pe Izabela, aceasta a însemnat că oamenii au acceptat în biserică imoralitatea și închinarea la idoli și de aceea au fost mustrați de Domnul.

Multe asociații de meșteșugari s-au dezvoltat în orașul Tiatira, iar oamenii din biserică erau ispitiți să se închine la idoli prin practicile acelor asociații. Toți colegii de breaslă sau asociații lor se închinau idolilor ca să le meargă bine în afaceri. Când membrii bisericii nu participau la aceste practici, puteau fi urâți sau persecutați de ceilalți. Haideți să ne imaginăm că un om, care se numește frate în Christos, vine la ei și îi ispitește când știe că ei se luptă cu aceasta.

„Oricum nu crezi în idolul acela în inima ta. Dacă te pleci înaintea acelui idol, totul va fi bine. Nu fi singurul care nu face acest lucru. În fond, Dumnezeu este dragoste."

„Dacă continui să te porți așa cu încăpățânare, ajungi să nu mai ai pace cu vecinii, poți părea ciudat și purtarea ta va constitui o piedică în calea slavei lui Dumnezeu și nu vei putea să evanghelizezi pe nimeni. Pentru a putea evangheliza pe alții, nu crezi că este mai înțelept să te pleci înaintea idolului măcar de data asta?"

Deși știu că acest lucru nu este adevărat, unii oameni se justifică în fața lor înșiși și ispitesc și pe alții așa cum a făcut Izabela. Ce se întâmplă dacă acești oameni sunt lideri în biserică sau chiar pastorul?

Dacă cineva ar veni să ne spună direct: „Haide să ne ridicăm împotriva lui Dumnezeu. Haide să facem lucruri rele", atâta timp cât avem chiar și o credință mică, am fi prevăzători și ne-am ține departe de acel om. Însă, când cineva proclamă cuvântul lui Dumnezeu pe din afară și spune: „Eu vorbesc cu Dumnezeu. Eu sunt un profet și un slujitor al lui Dumnezeu", atunci cei care au o credință mică pot fi înșelați.

Dacă este cu adevărat un profet al lui Dumnezeu, trebuie să fie însoțit de o dovadă că Dumnezeu este cu El. Trebuie să aibă roada luminii și roada Duhului Sfânt cum ar fi bunătatea, dragostea, sacrificiul și blândețea. Mai mult decât orice, trebuie să aibă autoritate însoțită de lucrări puternice ale lui Dumnezeu care se manifestă pentru a demonstra că Dumnezeu este cu el.

Cei care sunt conduși prin lucrările Duhului Sfânt pot recunoaște un profet adevărat după roada pe care o produce chiar dacă acesta nu se numește singur profet. Pe de altă parte, dacă un profet fals se numește singur profet, așa cum a făcut Izabela, când se discerne pe baza adevărului, se poate da la iveală identitatea adevărată.

În Deuteronom 18:22 citim următoarele: „Când ceea ce va spune prorocul acela în Numele Domnului nu va avea loc și nu se va întâmpla, va fi un cuvânt pe care nu l-a spus Domnul. Prorocul acela l-a spus din îndrăzneală: să n-ai teamă de el."

Motivul pentru care nu trebuie să îi primim pe profeții falși

Un profet care își zice profet și vorbește de rău pe alții prin cuvinte rele, care judecă, condamnă, își caută folosul propriu prin minciuni și creează disensiuni, este un profet fals. Un astfel de profet fals provoacă necazuri în biserică și membrilor acesteia prin înșelăciuni pline de viclenie, uneltiri și ticăloșii.

El nu îi călăuzește pe oameni să-L iubească pe Dumnezeu, ci mai degrabă sădește lucruri lumești și firești în ei și îi face să îl urmeze pe el în căile firești.

Dacă ne întovărășim cu un astfel de om, vom fi întinați de neadevăr fără să ne dăm seama. Prin urmare, o biserică trebuie să nu tolereze niciodată o persoană ca Izabela și să nu fie niciodată ispitită să păcătuiască cu un astfel de profet fals.

Desigur, când cineva din turmă nu ascultă și provoacă necazuri pentru că își zice profet, un păstor adevărat trebuie să rabde și să conducă turma cu dragoste.

Însă, trebuie să știm că a tolera o sinagogă a Satanei nu înseamnă a avea dragoste. De asemenea, nu este dragoste să se tolereze o persoană ca Izabela, care ispitește pe credincioși să meargă spre cădere și să i se dea voie să lucreze nestingherită în biserică.

În Matei 18:15-17 ni se spune cum trebuie să tratăm pe cei care aduc astfel de probleme în biserică.

Dacă fratele tău a păcătuit împotriva ta, du-te și mustră-l între tine și el singur. Dacă te ascultă, ai câștigat pe fratele tău. Dar, dacă nu te ascultă, mai ia cu tine unul sau doi inși, pentru ca orice vorbă să fie sprijinită pe mărturia a doi sau trei martori. Dacă nu vrea să asculte de ei, spune-l bisericii; și, dacă nu vrea să asculte nici de biserică, să fie pentru tine ca un păgân și ca un vameș.

Trebuie să facem acești pași în ordine. În cazul în care se pocăiește, trebuie să îl iertăm și să uităm greșelile trecutului. Însă, dacă nu se pocăiește și nu se întoarce, ci continuă până la sfârșit, trebuie să nu îl mai lăsăm să deranjeze biserica și să pună piedici în calea slavei lui Dumnezeu.

În același timp, trebuie să o facem cu inima Domnului care nu smulge o trestie ruptă și nici nu stinge un fitil care fumegă.

Dumnezeu dă oportunități de pocăință

Când un om păcătuiește și greșește înaintea lui Dumnezeu, nu primește imediat o pedeapsă. Dumnezeu îi dă o șansă să se pocăiască și să se întoarcă, fie printr-un cuvânt predicat de la amvon, fie prin lucrarea Duhului Sfânt.

Cu toate acestea, chiar dacă i se dă posibilitatea să își recunoască păcatul, dacă inima lui este împietrită și dacă nu se întoarce, va primi o pedeapsă datorită acuzațiilor Satanei. Începe printr-o pedeapsă ușoară dar, dacă nu se întoarce, vor urma pedepse din ce în ce mai severe.

Așa a fost în cazul celor zece urgii care s-au abătut asupra Egiptului. La început, toată apa Nilului s-a transformat în sânge și oamenii nu au mai putut bea apa, iar apoi a urmat urgia cu broaștele care, fiind atât de multe, au ajuns peste tot, inclusiv în vasele de mâncare.

Deși astfel de urgii erau neplăcute și chinuitoare, totuși, pagubele făcute nu erau atât de însemnate încât să nu-și mai poată reveni. Ar fi fost bine dacă faraonul s-ar fi răzgândit dar, când urgiile încetau, el continua în mod repetat să nu asculte de voia lui Dumnezeu și astfel a trebuit să înfrunte urgii din ce în ce mai rele.

Au fost urgii cu bube fierbinți și ciumă. A fost lovit de urgia cu piatră și una cu lăcuste și a suferit pierderi materiale iremediabile.

Însă, nu s-a răzgândit, iar în final, întâii-născuți ai egiptenilor au murit, inclusiv fiul întâi-născut al lui Faraon, ai celor din subordinea lui, ai sclavilor lui și chiar întâii-născuți dintre vite. Cu toate acestea, Faraon nu s-a pocăit și Marea Roșie l-a înghițit.

În Proverbe 3:11 citim: „Fiule, nu disprețui mustrarea Domnului și nu te mâhni de pedepsele Lui." Când copiii lui Dumnezeu nu fac voia Lui, Duhul Sfânt este mâhnit. Nu mai au pace în inimă și suferă în inima lor.

De asemenea, Dumnezeu dă semne ca oamenii să își poată dea seama. Dacă tot nu realizează, Dumnezeu permite să vină pedepse asupra lor. Pot să se lovească, să vină o boală peste ei sau să aibă un accident, ori pot avea probleme în familie sau în afaceri. De asemenea, pot să sufere pierderi financiare.

Din moment ce suntem copii ai lui Dumnezeu, El ne disciplinează când ne îndepărtăm de adevăr ca să putem umbla pe calea cea bună. Dacă nu este nicio pedeapsă după ce păcătuim, aceasta înseamnă că nu avem nimic de a face cu Dumnezeu. Este un lucru mai de temut decât pedeapsa (Evrei 12:8).

Prin urmare, când suntem pedepsiți datorită păcatului nostru, să nu ne descurajăm și să nu renunțăm, ci să fim recunoscători din adâncul inimii și să ne întoarcem cât mai repede posibil. Atunci, Dumnezeul dragostei și al harului ne va ierta. El ne va izbăvi din necazuri și ne va proteja de urgii. El ne va îngădui să trăim din nou în pacea Sa și sub protecția Lui.

Ce se întîmplă dacă nu ne întoarcem de la rău când avem șansa să ne pocăim

În cazul în care nu ne întoarcem, chiar dacă Dumnezeu ne dă șanse să ne pocăim prin pedepse, vom culege potrivit cu faptele semănate pe acest pământ. În ziua de pe urmă, vom fi condamnați la moarte veșnică.

Bisericii din Tiatira i s-au oferit șanse să se pocăiască, dar nu au făcut-o și a trebuit să treacă prin încercări mari. Domnul i-a avertizat, spunându-le: „Iată că am s-o arunc bolnavă în pat; și celor ce preacurvesc cu ea am să le trimit un necaz mare, dacă nu se vor pocăi de faptele lor." (versetul 22)

În general vorbind, patul îi face pe oameni să se simtă relaxați și confortabili; îi face pe oameni să dorească să se odihnească pe el. Dar, spiritual vorbind, acest pat este locul în care Izabela face lucruri detestabile. Este un loc desconsiderat și la care Dumnezeu nu se poate uita. Prin urmare, expresia „am s-o arunc bolnavă la pat" înseamnă că Domnul se va mânia pe cei răi care nu se întorc chiar dacă au primit suficiente șanse. Înseamnă că Domnul îi va arunca într-o situație în care se vor lovi de necazuri mari.

Uneori, cei care fac răul par să se bucure de prosperitate o vreme pentru că pedeapsa sau necazul nu se abate asupra lor imediat. Unii oameni chiar se plâng și spun: „Dacă Dumnezeu este viu cu adevărat, cum de nu pedepsește pe un astfel de om?"

Însă, în Psalmul 37:1-2 ni se spune: „Nu te mânia pe cei răi și nu te uita cu jind la cei ce fac răul; căci sunt cosiți iute ca iarba și se veștejesc ca verdeața, iar în Psalmul 37:10 citim: „Încă puțină vreme, și cel rău nu va mai fi; te vei uita la locul unde era, și nu va mai fi".

După cum scrie, deși celor ce fac răul le poate merge bine o vreme și pot trăi confortabil ca și cum ar fi așezați pe un pat, odată ce trec de limita dreptății, vor avea parte imediat de judecată.

Uneori, se pare că nu sunt judecați ci duc o viață liniștită pe tot parcursul vieții. Însă, într-un final, vor fi aruncați în focul morții veșnice, în iad. Astfel, nu se poate spune despre ei că au o viață prosperă.

Patul în care a fost aruncată Izabela poate părea confortabil celor care nu știu acest lucru și pot fi ispitiți și să păcătuiască împreună. Unor astfel de oameni, Dumnezeu le spune: „și celor ce preacurvesc cu ea am să le trimit un necaz mare, dacă nu se vor pocăi de faptele lor."

Atunci, la ce se referă „necazul mare" despre care se vorbește aici? Înseamnă fie pedeapsa finală pentru cei care nu sunt mântuiți și merg în iad, fie cei șapte ani ai necazului cel mare pentru cei care ajung să vadă venirea Domnului.

Dumnezeu judecă cu dreptate

Sunt cazuri în care păcatul unui om nu aduce doar necazuri la nivelul individual, ci poate aduce necazuri cu consecințe mai mari.

În primul rând, o țară întreagă poate ajunge să treacă prin necazuri datorită păcatului conducătorului ei. În al doilea rând, o întreagă biserică poate suferi de pe urma necazurilor din cauză că pastorul, care este conducătorul bisericii, nu a umblat cum trebuie înaintea lui Dumnezeu. În al treilea rând, o familie poate avea parte de necazuri când unul din membrii familiei păcătuiește.

Cazul Izabelei acoperă toate aceste trei cazuri. Ea fusese ca mama unei țări. Ea l-a ispitit să păcătuiască pe soțul ei, împăratul, pe subordonații și pe oamenii lui. A numit lideri religioși pe cei care erau de fapt închinători la idoli. Din această cauză, întreaga țară a trecut prin necazuri mari în timpul celor trei ani și jumătate de secetă. Iar Izabela a avut parte de o moarte tragică și cruntă.

Din acest lucru, vedem că un război dintr-o țară sau catastrofe severe nu au loc la întâmplare, ci datorită aplicării legilor dreptății. Acest lucru este valabil și la serviciu sau la biserică.

Prin urmare trebuie să ne amintim că, cu cât poziția noastră devine mai înaltă, cu atât trebuie să acceptăm mai multă responsabilitate, atât în lume cât și în biserică. Când capul veghează și se roagă, trupul se bucură de mai multă prosperitate. Chiar dacă întâmpină necazuri, acestea vor trece repede.

Din moment ce Dumnezeu cercetează adâncul inimii fiecăruia cu ochii Săi ca para focului, nimeni nu Îl poate înșela. Oameni ca Izabela și cei care sunt părtași faptelor ei vor avea parte de judecată dreaptă.

În versetul 23, Domnul spune: „Voi lovi cu moartea pe copiii ei. Și toate bisericile vor cunoaște că «Eu sunt Cel ce cercetez rinichii și inima»; și voi răsplăti fiecăruia din voi după faptele lui."

Cuvântul de atenționare – „Voi lovi cu moartea pe copiii ei" – înseamnă, de asemenea, pedeapsă sau necazuri care vin pentru a satisface dreptatea. Nu înseamnă că întotdeauna va veni pedeapsa sau necazul asupra copiilor.

Ca urmare a păcatului unei persoane, un membru drag din familie, cum ar fi soțul sau soția, poate avea parte de necazuri și de suferință datorită dificultăților financiare sau a bolilor. Dreptatea lui Dumnezeu se va arăta printr-o astfel de judecată pentru ca oamenii să poată vedea clar că Dumnezeu cercetează nu doar faptele, ci și gândurile, voința și inima.

Desigur, înainte să vină necazurile, Dumnezeu încearcă să ne arate greșelile prin diverse mijloace. El ne avertizează prin mesajul predicat sau prin oameni sau lucruri la care nu ne-am fi așteptat.

Atâta timp cât avem urechi spirituale să ascultăm ce spune El, putem simți că Dumnezeu ne cercetează inima și mintea și că El intervine pentru noi în cele mai mici lucruri. În Proverbe 15:3 citim: „Ochii Domnului sunt în orice loc, ei văd pe cei răi și pe cei buni", iar Psalmul 139:3 spune: „Știi când umblu și când mă culc, și cunoști toate căile mele."

Dumnezeul atotputernic știe nu doar faptele și cuvintele rostite, ci și inima fiecăruia. El cunoaște profunzimile inimii. Nu putem ascunde nici măcar o privire răutăcioasă față de altcineva. În ziua judecății, chiar și cea mai mică faptă de bunătate pe care am făcut-o în ascuns va fi dată la iveală.

Prin urmare, trebuie să fim atenți la vocea lui Dumnezeu care ne cercetează inima și să veghem ca să nu cădem în învățăturile Izabelei.

ÎNDEMNUL ȘI PROMISIUNEA DOMNULUI PENTRU BISERICA DIN TIATIRA

Vouă însă tuturor celorlalți din Tiatira, care nu aveți învățătura aceasta și n-ați cunoscut „adâncimile Satanei", cum le numesc ei, vă zic: „Nu pun peste voi altă greutate. Numai țineți cu tărie ce aveți, până voi veni! Celui ce va birui și celui ce va păzi până la sfârșit lucrările Mele îi voi da stăpânire peste neamuri. Le va cârmui cu un toiag de fier și le va zdrobi ca pe niște vase de lut, cum am primit și Eu putere de la Tatăl Meu. Și-i voi da luceafărul de dimineață." Cine are urechi să asculte ce zice bisericilor Duhul (Apocalipsa 2:24.29).

Dumnezeu este un Dumnezeu al dreptății și El răsplătește după legile dreptății. În același timp, El este dragoste și așteaptă cu răbdare vreme îndelungată.

În 1 Petru 3:9 scrie: „Domnul nu întârzie în împlinirea făgăduinței Lui, cum cred unii; ci are o îndelungă răbdare pentru voi și dorește ca niciunul să nu piară, ci toți să vină la pocăință."

Inima lui Dumnezeu se reflectă în îndemnul pe care L-a dat bisericii din Tiatira. El nu a lepădat biserica din Tiatira care nu se pocăise, ci a avertizat-o din nou.

Biserica din Tiatira care nu se pocăia

În biserica din Tiatira, cei din Tiatira, „care nu aveți învățătura aceasta" se referă la noii credincioși care nu trăiesc încă după Cuvântul lui Dumnezeu. Aceștia ascultă cu atenție Cuvântul, dar nu au suficientă credință să îl împlinească.

Domnul spune că nu au cunoscut adâncimile Satanei. În zilele noastre, aceasta se referă la cei care rămân într-o religie care se închină la idoli, dar nu își dau seama că este lucrarea Satanei.

Toate țările au legi și regulamente. Atâta timp cât sunt respectate, toate lucrurile merg bine. Însă, dacă oamenii nu cunosc legislația, o pot încălca și atunci vor fi pedepsiți. Același lucru se aplică la lumea spirituală. Dacă nu știm legea lui Dumnezeu, putem cădea în ispitele Satanei și putem încălca această lege.

În consecință, vom primi o pedeapsă. Cu toate acestea, chiar dacă facem același păcat, pedeapsa va fi diferită în funcție de nivelul de credință la care ne aflăm. De exemplu, când două persoane nu țin Sabatul, ziua Domnului, dar una este la începutul vieții de credință, iar cealaltă este mai matură în credință, gravitatea păcatului lor este diferită.

Când un om al credinței judecă și bârfește, este foarte diferit decât în cazul unui creștin nou, care încă nu cunoaște adevărul. Un om al credinței știe cu siguranță că este un păcat mare să judece și să bârfească pe alții; se erijează astfel în judecător. Însă, dacă totuși face un astfel de păcat, va fi acuzat mai grav de Satana.

Tot astfel, lumea spirituală are diverse adâncimi și, în funcție de acestea, lucrarea Satanei este diferită. Noii credincioși nu știu despre adâncimile tărâmului spiritual. Prin urmare, Domnul spune că n-au cunoscut adâncimile Satanei.

Motivul pentru care biserica din Tiatira nu s-a pocăit

Membrii bisericii din Tiatira erau la nivelul cel mai de jos de credință; ei nu cunoșteau adâncimile Satanei, iar ochii lor spirituali nu erau încă deschiși. Ei au auzit Cuvântul, dar nu l-au putut digera. Nu au avut tăria să îl pună în aplicare. De aceea iubeau încă lumea chiar dacă au declarat că Îl iubeau pe Dumnezeu. Ei nu au dat la o parte omul vechi, ci au făcut compromisuri cu întunericul.

Când comparăm aceasta cu stadiile de creștere ale omului din punct de vedere fizic, ei erau la stadiul de bebeluș, care mănâncă lapte sau alimente pasate. De aceea îi spune Domnul bisericii din Tiatira: „Nu pun peste voi altă greutate" (versetul 24) și „Numai țineți cu tărie ce aveți, până voi veni!" (versetul 25)

Domnul nu le cere să ajungă la o adâncime spirituală cum ar fi sfințirea și primirea puterii. El le spune să țină cu tărie ce au la momentul de față, adică nivelul actual al credinței, ca să ajungă la mântuire (1 Corinteni 3:1-2).

Să nu înțelegem însă că trebuie să rămânem la nivelul actual. Dacă ne complăcem și începem să gândim: „Lucrurile merg bine acum. Mă voi odihni puțin", aceasta este ca și cum am înceta să vâslim o barcă care merge împotriva curentului.

În special, din moment ce suntem aproape de vremurile din urmă, dacă ne complăcem și rămânem la același nivel în viața de credință, trebuie să știm că rezultatul va fi un regres spiritual însemnat.

Promisiunea pe care Domnul a dat-o Bisericii din Tiatira

Domnul a dat un îndemn membrilor bisericii din Tiatira care aveau credința ca a unor copii. Pe urmă, le-a dat și o promisiune. El le-a spus: „Celui ce va birui și celui ce va păzi până la sfârșit lucrările Mele îi voi da stăpânire peste neamuri."

(versetul 26)

În primul rând, „Celui ce va birui" se referă la a învinge neadevărul, răul și întunericul prin păzirea Cuvântului lui Dumnezeu.

Pe urmă, „lucrările Mele" se referă la lucrările Domnului. A păzi lucrările înseamnă a asculta Cuvântul lui Dumnezeu, așa cum a făcut Isus și a lărgi Împărăția lui Dumnezeu, aducând mai mulți oameni la mântuire.

Domnul spune: „Îi voi da stăpânire peste neamuri". Aceasta înseamnă că vom stăpâni peste dușmanul diavolul și Satana care are autoritate să domnească peste națiunile acestui pământ.

După ce Dumnezeu a creat cerurile și pământul și pe primul om, Adam, El i-a dat autoritate să domnească peste toate lucrurile de pe pământ (Genesa 1:28). Însă, Adam a fost ispitit de Satana să nu-L asculte pe Dumnezeu, iar autoritatea lui a fost dată dușmanului Satana.

Desigur, această autoritate este dată lui Satana doar pentru o vreme, adică pe perioada cultivării umane. Aceasta nu se poate aplica celor dintre noi care credem în Domnul și am devenit copii ai lui Dumnezeu.

Însă, Isus a venit pe pământ, a fost răstignit pe cruce și Și-a vărsat sângele. Când a înviat a treia zi după ce fusese îngropat, El a zdrobit autoritatea morții și ne-a mântuit de sub autoritatea diavolului. Dat fiind faptul că cei care L-au primit pe Isus Christos ca mântuitor au primit dreptul de a deveni copii ai lui Dumnezeu, ei au primit ungerea de copii ai lui Dumnezeu și sunt eliberați de diavolul (Ioan 1:12).

Din moment ce au devenit copii ai lui Dumnezeu, nu mai sunt prieteni cu întunericul care este sub autoritatea dușmanului diavolul, ci trăiesc prin Cuvântul lui Dumnezeu în adevărul care aparține luminii. Aceasta înseamnă să fie învingători și să facă lucrarea Domnului după cum am menționat.

Însă, diavolul încearcă prin toate mijloacele să ne oprească să trăim în adevăr ca să ne întoarcem iarăși la lume. Diavolul sădește îndoieli în noi ca să nu avem credință. Ne determină să iubim lumea mai mult decât pe Dumnezeu și ne pune piedici în multe feluri.

Însă, odată ce-l îndepărtăm pe diavolul și trăim după Cuvânt, îl vom putea învinge tot mai mult pe diavol.

Cu cât mai mult trăim după Cuvânt, cu atât vom avea mai multă putere și autoritate din Cer. Astfel, vom putea domni cu ușurință peste dușmanul diavolul și peste Satana, domnitorul lumii. Odată ce trăim pe deplin prin Cuvânt, ne lepădăm de orice formă de rău și ne sfințim, niciun om rău nu ne poate atinge (1 Ioan 5:18).

Ce fel de situație este judecată de Dumnezeu

Cei care sunt învinși în bătălia împotriva domnului întunericului vor trăi în continuare sub autoritatea diavolului. În special, dacă urmează faptele Nicolaiților, ale lui Balaam și ale Izabelei, vor deveni robi ai dușmanului Satana și vor primi o sentință înfricoșătoare despre care vorbește Domnul în Apocalipsa 2:27.

Domnul spune în acel verset: „Le va cârmui cu un toiag de fier și le va zdrobi ca pe niște vase de lut, cum am primit și Eu putere de la Tatăl Meu."

Aici, toiagul de fier se referă la o tijă sau un toiag de fier. Dacă lovim un vas de ceramică cu un astfel de toiag, se va sparge în bucăți. Prin urmare, „va cârmui cu un toiag și le va zdrobi ca pe niște vase de lut" se referă la autoritatea lui Dumnezeu care judecă.

Inițial, primul om creat de Dumnezeu era un suflet viu. Era o ființă nobilă. Era o ființă spirituală creată după chipul lui Dumnezeu. Însă, duhul lui a murit din cauza păcatului și a devenit un om firesc, controlat de sufletul său. A ajuns să nu fie decât un vas de lut. Prin urmare, a zdrobi vasele de lut înseamnă a zdrobi pe cei care nu trăiesc după Cuvântul lui Dumnezeu. În final, cei care aparțin Satanei vor fi lepădați.

După cum vedem în Ioan 12:48 – „Pe cine Mă nesocotește și nu primește cuvintele Mele, are cine l osândi: Cuvântul pe care l-am vestit Eu, acela îl va osândi în ziua de apoi", cei care nu primesc Cuvântul lui Dumnezeu vor fi judecați după Cuvântul lui Dumnezeu în ziua de pe urmă.

Cei care își însușesc Cuvântul lui Dumnezeu în inimă, ies învingători și fac lucrările Domnului, vor primi autoritatea luminii care zdrobește autoritatea dușmanului diavolul. După cum spune Domnul: „Am primit autoritate de la Tatăl Meu" și noi vom primi autoritate.

Domnul le mai spune: „Îi voi da Luceafărul de dimineață", care este cea mai strălucitoare dintre stele; aceasta se referă la Domnul. În Apocalipsa 22:16, Domnul spune: „Eu, Isus, am trimis pe îngerul Meu să vă adeverească aceste lucruri pentru biserici. Eu sunt Rădăcina și Sămânța lui David, Luceafărul strălucitor de dimineață."

Prin urmare, a primi Luceafărul de dimineață înseamnă că, după cum Dumnezeu Îl iubește și Îl aprobă pe Domnul, El îi va aproba și îi va iubi ca fii pe cei care trăiesc după Cuvânt și îl înving pe Satana.

Când ne punem credința în Domnul, ne lepădăm de orice formă de păcat și trăim după Cuvântul lui Dumnezeu cu dăruire, caracterul nostru se va asemăna cu al Domnului și vom deveni oameni ai duhului. Apoi, vom deveni perfecți și sfinți precum Isus Christos, Fiul lui Dumnezeu, și vom fi recunoscuți ca fii de Dumnezeu.

Indiferent de cât de multe ori ne afirmăm credința în

Domnul, dacă nu trăim prin Cuvântul lui Dumnezeu și pierdem înaintea diavolului, nu vom primi Luceafărul de dimineață. Nu vom fi atestați ca și copii ai lui Dumnezeu, iar în final nu vom putea fi mântuiți.

Dumnezeul dragostei dorește ca toți să primească mântuire

Dumnezeu ne răsplătește după faptele noastre, după dreptate. Însă, în cazul în care urmăm o teologie sau o teorie falsă, fără să știm de uneltirile Satanei, Dumnezeu nu va pune peste noi nici o altă povară, dacă ne dăm seama ce am făcut, ne pocăim și ne îndreptăm.

Însă, dacă am urmat căile Satanei în cunoștință de cauză, vom primi o pedeapsă chiar dacă ne-am pocăit și ne-am îndreptat. Nu este adevărat că problemele datorate păcatului se pot rezolva doar prin faptul că venim la Domnul. Vor fi consecințe în funcție de ce am făcut în trecut. Desigur, aceasta face parte din dragostea lui Dumnezeu pentru a ne desăvârși și pentru a ne da lucruri mai bune.

Prin urmare, trebuie să ne continuăm alergarea până la venirea Domnului, să nu pierdem șansa mântuirii. Dumnezeu ne povățuiește prin adevăr, ca să mântuiască încă o persoană. El proclamă adevărul cu ardoare celor care se duc pe o cale greșită.

În special, pentru cei care cred în Dumnezeu dar sunt înșelați de Satana și merg pe calea morții, El le deschide calea spre mântuire cu o inimă și mai dornică.

După ce se naște un copil, el crește și se dezvoltă pe măsură ce trece timpul. Tot astfel, în credință, trebuie să continuăm să creștem în duhul. Creșterea spirituală nu se rezumă doar la faptele care se văd în exterior, ci necesită lepădarea de răul din inimă și atingerea sfințeniei.

Deși suntem credincioși și facem ce putem în ce privește lucrurile exterioare, dacă nu ne tăiem inima împrejur, atunci nu ducem o viață de creștin adecvată. Când crește, un bebeluș trebuie să se dezvolte atât mintal, cât și fizic. Tot astfel, în viețile noastre de creștini, credința noastră trebuie să se dezvolte atât la nivelul lucrurilor fizice, cât și la nivelul maturității noastre spirituale.

Biserica din Tiatira nu a avut această dezvoltare interioară. Credincioșii au rămas la nivelul de copii spirituali. Ei nu au putut primi promisiunea răsplății în Împărăția Cerurilor, ci au primit doar promisiunea mântuirii.

În Efeseni 4:13 citim: „până vom ajunge toți la unirea credinței și a cunoștinței Fiului lui Dumnezeu, la starea de om mare, la înălțimea staturii plinătății lui Hristos." Trebuie să continuăm să creștem pentru a deveni biserici și credincioși care pot fi pe placul lui Dumnezeu.

CAPITOLUL 5

BISERICA DIN SARDES :
- O biserică mică căreia i-a mers numele că trăia dar era moartă

Biserica din Sardes a fost mustrată de Domnul care i-a spus îngerului bisericii: „Îți merge numele că trăiești, dar ești mort."

Au pretins că au credință în Dumnezeu și Domnul, dar credința lor era moartă deoarece nu a condus la nicio faptă a credinței.

Totuși, unii din membri au depus eforturi să își păstreze credința.

Cuvintele rostite către Biserica din Sardes se adresează azi bisericilor care trebuie să își schimbe credința moartă într-una adevărată care să fie însoțită de faptele credinței. De asemenea, se adresează și celor care se roagă și încearcă să pună în practică Cuvântul lui Dumnezeu.

Apocalipsa 3:1-6

Îngerului Bisericii din Sardes scrie-i: „Iată ce zice Cel ce are cele şapte Duhuri ale lui Dumnezeu şi cele şapte stele: «Ştiu faptele tale: că îţi merge numele că trăieşti, dar eşti mort.

Veghează şi întăreşte ce rămâne, care e pe moarte, căci n-am găsit faptele tale desăvârşite înaintea Dumnezeului Meu. Adu-ţi aminte dar cum ai primit şi auzit! Ţine şi pocăieşte-te! Dacă nu veghezi, voi veni ca un hoţ şi nu vei şti în care ceas voi veni peste tine. Totuşi ai în Sardes câteva nume care nu şi-au mânjit hainele. Ei vor umbla împreună cu Mine, îmbrăcaţi în alb, fiindcă sunt vrednici. Cel ce va birui va fi îmbrăcat astfel în haine albe. Nu-i voi şterge nicidecum numele din cartea vieţii şi voi mărturisi numele lui înaintea Tatălui Meu şi înaintea îngerilor Lui.» Cine are urechi, să asculte ce zice Bisericilor Duhul."

Scrisoarea Domnului către Biserica din Sardes

Îngerului Bisericii din Sardes scrie-i: „Iată ce zice Cel ce are cele șapte Duhuri ale lui Dumnezeu și cele șapte stele" (Apocalipsa 3:1).

Orașul Sardes era un oraș avut care și-a câștigat prosperitatea din vopsitul țesăturilor. Plin de extravaganță și imoralitate, orașul era un centru de închinare la idoli. Într-un astfel de mediu, credința Bisericii din Sardes nu era desăvârșită.

Domnul are cele șapte Duhuri ale lui Dumnezeu

Domnul, care scrie Bisericii din Sardes, este descris ca „Cel care are cele șapte Duhuri ale lui Dumnezeu."
Expresia „Cele șapte Duhuri" ale lui Dumnezeu trebuie înțeleasă ca fiind inima lui Dumnezeu care și ea este duh. Biblia

vorbește despre inima lui Dumnezeu. Cu lux de amănunte, ne spune cum să-I fim plăcuți lui Dumnezeu și cum să primim răspunsuri din partea Lui. Cele șapte Duhuri ne arată inima lui Dumnezeu și condițiile necesare ca El să răspundă.

Numărul „șapte" din expresie nu sugerează că Duhurile lui Dumnezeu sunt șapte la număr. În sens spiritual, cifra „șapte" se referă la ceva „complet și desăvârșit". După cum spune Ioan 4:24: „Dumnezeu este duh", Dumnezeu Însuși este duh. Deci, numărul șapte reprezintă Duhul lui Dumnezeu care este desăvârșit. Dumnezeu cercetează întotdeauna și veghează asupra fiecărei vieți omenești de pe fața pământului, trimițându-Și cele șapte Duhuri care reprezintă inima lui Dumnezeu (Apocalipsa 5:6).

Cele șapte Duhuri ale lui Dumnezeu cercetează inima și trăirea fiecărui om. Apoi, potrivit cu dreptatea, Dumnezeu dă răspunsuri și binecuvântări celor care îndeplinesc condițiile din inima lui Dumnezeu. Pentru a face lucrurile mai ușor de înțeles, am putea compara cele șapte Duhuri cu un cântar pe care Dumnezeu îl folosește ca să cântărească conținutul cererilor ca să dea răspuns. Când cumpărăm produse de la piață, le cântărim pe un cântar și plătim în funcție de greutatea lor. Tot astfel, când dorim să primim răspunsuri, trebuie să satisfacem condițiile necesare primirii unui răspuns și acestea depind de măsura dată de cele șapte Duhuri.

Dar ce anume măsoară cele șapte Duhuri când decid dacă să ne răspundă sau nu la rugăciune? Cele șapte Duhuri ne măsoară cu precizie inima și trăirea, fără nicio eroare. Aceste lucruri măsurate sunt șapte la număr.

Cele șapte Duhuri și cele șapte stele

Primul lucru măsurat de cele șapte Duhuri este credința.

Aceasta însă nu se referă la credința firească care se rezumă doar la cunoștințe, ci la credința spirituală care este însoțită de fapte. Credința spirituală este credința adevărată care nu se îndoiește defel, nici atunci când lucrurile nu sunt în concordanță cu gândurile sau cunoștințele noastre. Credința spirituală vine de la Dumnezeu. Este credința prin care suntem încredințați că un lucru poate fi creat din nimic. Este credința pe care Dumnezeu o dă potrivit cu măsura în care ne lepădăm de răul din inima noastră și ne sfințim.

Al doilea lucru măsurat de cele șapte Duhuri este rugăciunea.

Asta înseamnă că ni se măsoară cât de mult sunt rugăciunile noastre după inima și voia lui Dumnezeu. A ne ruga după voia lui Dumnezeu înseamnă a ne ruga cu regularitate, îngenunchind înaintea lui Dumnezeu și strigând către El cu toată inima, mintea și tăria noastră. De asemenea, Dumnezeu nu se uită la înfățișarea exterioară, ci ne cercetează inima lăuntrică. Deci trebuie să ne rugăm cu toată inima. Ar trebui să nu cerem după poftele inimii, ci să ne rugăm cu credință și dragoste, potrivit cu voia lui Dumnezeu.

Al treilea lucru măsurat de cele şapte Duhuri este bucuria.

Bucuria dovedeşte că avem credinţă. Când avem credinţă nestrămutată în Dumnezeu şi credem că vom primi răspuns, ne vom putea bucura în orice fel de situaţie. Deoarece bucuria spirituală vine din pace, dacă nu ridicăm un zid de păcat între noi şi Dumnezeu ci avem pace cu El, bucuria nu va dispărea din inima noastră.

Al patrulea lucru măsurat de cele şapte Duhuri este mulţumirea.

Dacă avem credinţă, vom putea aduce mulţumiri în orice fel de situaţie, indiferent de starea în care ne aflăm. Dacă aducem mulţumiri doar atunci când lucrurile merg bine, dar suntem plini de resentimente şi ne plângem când trecem prin situaţii dificile şi când lucrurile nu merg prea bine, atunci nu vom putea atinge măsura de mulţumire cerută de cele şapte Duhuri. În acest caz, răspunsul nostru va întârzia.

Al cincilea lucru măsurat de cele şapte Duhuri este cât de mult împlinim poruncile.

Biblia conţine multe porunci prin care ni se spune ce să facem, ce să nu facem, ce să păstrăm şi ce să lepădăm. Printre ele, cele zece porunci constituie versiunea condensată a tuturor poruncilor. Cele şapte Duhuri măsoară cât de mult împlinim aceste porunci. În 1 Ioan 5:3 scrie: „Căci dragostea lui

Dumnezeu stă în păzirea poruncilor Lui. Și poruncile Lui nu sunt grele." Deci, dovada faptului că Îl iubim pe Dumnezeu este în păzirea poruncilor Lui.

Al șaselea lucru măsurat de cele șapte Duhuri este credincioșia.

Acesta se referă nu numai la credincioșia față de Împărăția lui Dumnezeu, ci și la credincioșia vizavi de familia și locul de muncă al credinciosului. Bineînțeles, dacă avem credință, prioritatea principală ar trebui să fie lucrarea Domnului. Dar, să nu neglijăm lucrurile care trebuie făcute în familie și la locul de muncă. Trebuie să fim credincioși peste toată casa lui Dumnezeu. Cel mai important lucru referitor la credincioșie este faptul că trebuie să fim credincioși din punct de vedere spiritual. Aceasta înseamnă că trebuie să ne tăiem împrejur inima. De asemenea, vom putea avea o credință spirituală desăvârșită când avem o inimă asemenea lui Dumnezeu și un devotament care ne poate costa chiar și viața.

Al șaptelea lucru măsurat de cele șapte Duhuri este dragostea.

Dragostea este asemenea unei frânghii care conectează cele șase lucruri măsurate pe care le-am amintit mai sus. Indiferent de cât de mult ne rugăm și lucrăm în slujba Domnului, aceste lucruri nu contează cu adevărat decât atunci când le facem dintr-o dragoste adevărată pentru Dumnezeu și pentru frații și surorile în credință.

Cele șapte Duhuri măsoară credința, rugăciunea, mulțumirea, împlinirea poruncilor, credincioșia și dragostea pentru a putea decide când poate fi trimis răspunsul. Dar, măsura necesară nu este aceeași pentru toată lumea. Fiecare va fi măsurat potrivit dreptății corespunzătoare măsurii de credință pe care o are.

Cu alte cuvinte, pentru cei care au o măsură mică de credință, standardul de măsurare va fi mai scăzut. Dar, pentru cei care au fost creștini o vreme îndelungată și au o măsură mai mare de credință, standardul va fi mai ridicat.

Domnul care are cele șapte Duhuri ale lui Dumnezeu are și cele șapte stele. Aici, „stea" se referă la om. În Geneza 15:5, Dumnezeu i-a zis lui Avraam: „Și după ce l-a dus afară, i-a zis: «Uită-te spre cer, și numără stelele, dacă poți să le numeri.» Și i-a zis: «Așa va fi sămânța ta.»" Dumnezeu i-a comparat pe descendenții lui Avraam cu stelele.

De aceea, cele șapte stele se referă la toți slujitorii lui Dumnezeu care au fost aleși de Dumnezeu de-a lungul vremurilor Vechiului și Noului Testament. Ei sunt slujitorii pe care Dumnezeu îi ține în mâinile Sale atotputernice și îi folosește pentru Împărăția Lui. Domnul face cunoscută inima și voia lui Dumnezeu Tatăl prin gura lor și arată lucrările Dumnezeului celui viu pentru ca astfel copiii lui Dumnezeu să poată umbla pe calea adevărului.

Prin urmare, faptul că Domnul „are cele șapte Duhuri ale lui

Dumnezeu și cele șapte stele" înseamnă că El cercetează toate lucrurile prin cele șapte Duhuri și îi călăuzește pe copiii lui Dumnezeu pe calea adevărului prin intermediul celor șapte stele.

Biserici care se aseamănă cu Biserica din Sardes

Biserica din Sardes a auzit Cuvântul lui Dumnezeu și l-a acceptat ca și cunoștință, dar nu l-a pus în practică. Cu alte cuvinte, aveau ceea ce se cheamă „credință moartă". Din acest motiv, Domnul i a mustrat, spunându-le: „Îți merge numele că ești viu, dar ești mort." (versetul 1) Ei credeau că erau mântuiți dar, din perspectiva Domnului, nu aveau nimic în comun cu mântuirea.

Astăzi, există un număr surprinzător de biserici și credincioși care au o credință moartă asemenea Bisericii din Sardes. Ei își spun „credincioși" dar nu este ușor să îi găsești pe cei care țin și Sabatul, și ziua Domnului, și care dau zeciuiala întreagă. Acestea sunt cele mai de bază acțiuni sau fapte ale unei vieți creștine.

Și mai regretabil este faptul că nu există prea mulți pastori care să îi învețe pe credincioși să se lepede de păcat și să trăiască potrivit Cuvântului lui Dumnezeu. Păstorii care conduc turma trebuie să aibă o credință adevărată înainte de a mărturisi despre Dumnezeul viu prin lucrări pline de putere și autoritate. Dar, în ziua de azi, nu prea întâlnim o astfel de situație. Mulți pastori dau o învățătură doar din cunoștințe teologice. Ei îi învață pe ceilalți teorii și ideologii erudite. Nu este prea mare diferență între ei și orbul care călăuzește pe un alt orb despre care citim în Matei

15:14.

În Matei 23:26, vedem ce le-a spus Isus fariseilor care nu puneau în practică cuvântul lui Dumnezeu, ci rosteau cuvintele doar de pe vârful buzelor: „Fariseu orb! Curăță întâi partea din lăuntru a paharului și a blidului, pentru ca și partea de afară să fie curată." În Matei 23:3, Isus le-a spus ucenicilor: „Deci toate lucrurile pe care vă spun ei să le păziți, păziți-le și faceți-le; dar după faptele lor să nu faceți. Căci ei zic, dar nu fac."

Puterea rugăciunii sau lucrările pline de putere ale lui Dumnezeu nu se pot manifesta printr un astfel de păstor. Chiar și focul Duhului Sfânt de peste biserică poate fi stins și nu va fi nicio diferență între sufletele de acolo și cei morți. Biserica va avea câțiva membri, dar va fi o biserică doar cu numele, departe de a experimenta o trezire spirituală.

Matei 7:21 spune: „Nu orișicine-Mi zice: «Doamne, Doamne!» va intra în Împărăția cerurilor, ci cel ce face voia Tatălui Meu care este în ceruri."

Să presupunem că o persoană a lucrat pentru Împărăția și neprihănirea lui Dumnezeu și și-a devotat viața pământească într-o oarecare măsură. Dar, în ziua judecății, dacă Dumnezeu îi va spune: „Niciodată nu v-am cunoscut; depărtați-vă de la Mine, voi toți care lucrați fărădelege", cât de tragic ar fi!

Chiar dacă un om pare a fi credincios în viața de creștin și se oferă să lucreze ca voluntar pentru Dumnezeu, dacă inima sa lăuntrică nu este transformată, nu vom putea spune că duce o viață de creștin.

Pentru a avea o credință vie, adică o credință adevărată, mai presus de orice trebuie să ne tăiem împrejur inima. Ieremia 4:4 vorbește despre tăierea împrejur a inimii: „Tăiați-vă împrejur pentru Domnul, tăiați-vă împrejur inimile, oamenii lui Iuda și locuitori ai Ierusalimului, ca nu cumva să izbucnească mânia Mea ca un foc și să se aprindă fără să se poată stinge din pricina răutății faptelor voastre!"

A ne tăia împrejur inima înseamnă a ne lepăda de orice nedreptate, fărădelege și neadevăr potrivit Cuvântului lui Dumnezeu care ne spune ce să nu facem și de ce să ne lepădăm, precum și a practica adevărul după cum ne povățuiește Cuvântul lui Dumnezeu care ne spune ce să facem și ce să păzim.

Astfel, pe măsură ce practicăm cuvântul lui Dumnezeu și devenim sfințiți, vom primi adevărata credință pe care o dorește Dumnezeu. De aceea, să ne cercetăm pe noi înșine prin mesajul dat Bisericii din Sardes și apoi să dăm dovadă de o credință spirituală adevărată, nu de una moartă.

Mustrarea Domnului la adresa Bisericii din Sardes

Îngerului Bisericii din Sardes scrie-i: „Iată ce zice Cel ce are cele şapte Duhuri ale lui Dumnezeu şi cele şapte stele: «Ştiu faptele tale: că îţi merge numele că trăieşti, dar eşti mort. Veghează şi întăreşte ce rămâne, care e pe moarte, căci n-am găsit faptele tale desăvârşite înaintea Dumnezeului Meu. Adu-ţi aminte dar cum ai primit şi auzit! Ţine şi pocăieşte-te! Dacă nu veghezi, voi veni ca un hoţ şi nu vei şti în care ceas voi veni peste tine»" (Apocalipsa 3:1-3).

Nu putem ascunde nimic de Dumnezeul care ne măsoară prin cele şapte Duhuri şi ne cercetează cu ochii Săi ca para focului. După cum i-a spus Domnul Bisericii din Sardes – „Ştiu faptele tale" – Dumnezeu cercetează nu numai faptele noastre, ci şi cele mai mici lucruri aflate în adâncul inimii noastre.

Florile care sunt tăiate și puse într-un aranjament floral arată ca și cum ar fi vii dar, în realitate, sunt moarte pentru că au fost separate de rădăcină. Tot astfel, credința membrilor Bisericii din Sardes arăta vie dar, când a fost comparată cu standardul precis al Domnului, era moartă.

Bisericii din Sardes i-a mers numele că trăia, dar era moartă

Ce să însemne expresia: „îți merge numele că trăiești, dar ești mort"? (versetul 1) Pe scurt, credința Bisericii din Sardes este o „credință moartă, fără fapte".

După ce Adam a păcătuit, duhul lui și duhurile tuturor urmașilor săi au murit. Dar, duhurile celor care L-au primit pe Domnul ca Mântuitor personal și pe Duhul Sfânt au fost aduse la viață. Odată ce duhul este adus la viață, când omul respectiv moarte din punct de vedere fizic, Biblia nu spune că el este 'mort' ci că 'doarme' (Matei 9:24). Lucrurile stau astfel deoarece, când Domnul va veni în văzduh, omul va fi înviat și se va bucura de viața veșnică.

Dar Bisericii din Sardes i s-a spus că este moartă; aceasta înseamnă că cei din biserică nu vor fi mântuiți. Chiar dacă au spus că au credință, credința lor era moartă și, cu o „credință moartă", nu vor putea primi mântuire.

Iacov 2:14 spune: „Frații mei, ce-i folosește cuiva să spună că are credință, dacă n-are fapte? Poate oare credința aceasta să-l mântuiască?" În versetul 17 scrie: „Tot așa și credința, dacă n are fapte, este moartă în ea însăși."

Eclesiastul 12:14 spune: „Căci Dumnezeu va aduce orice faptă la judecată, și judecata aceasta se va face cu privire la tot ce este ascuns, fie bine, fie rău." Apoi, în 2 Corinteni 5:10 citim următoarele: „Căci toți trebuie să ne înfățișăm înaintea scaunului de judecată al lui Hristos, pentru ca fiecare să-și primească răsplata după binele sau răul pe care-l va fi făcut când trăia în trup."

Acei care cred în Dumnezeu și în Domnul cred și în judecata care se va face cu privire la bine și la rău, prin urmare trăiesc potrivit Cuvântului lui Dumnezeu. Dar, cei care nu cred, nu vor trăi astfel. Ar trebui să știm că există o diferență clară între a-L cunoaște pe Dumnezeu și a-L crede.

Diferența dintre a cunoaște și a crede

Iacov 2:19 spune: „Tu crezi că Dumnezeu este unul, și bine faci, dar și dracii cred... și se înfioară!" „Și dracii cred... și se înfioară" înseamnă că până și dracii știu cine este Dumnezeu și cine este Isus Christos și se înfioară înaintea unei astfel de autorități.

În Biblie, citim în multe locuri că demonii L-au recunoscut pe Isus și au strigat cu glas tare. În Luca 8:27-28, când Isus a fost întâmpinat de un om care era stăpânit de duhuri, acesta a strigat cu glas tare și a căzut cu fața la pământ înaintea lui Isus, spunând: „Isuse, Fiul Dumnezeului celui Preaînalt."

Atunci dar, am putea spune că dracii cred și în Isus prin simplul fapt că Îl recunosc ca fiind Fiul lui Dumnezeu și știu că El este Mântuitorul? Nicidecum! Chiar dacă știu cine este Isus, demonii nu trăiesc conform Cuvântului Acestuia, nici nu fac binele. Aceasta nu înseamnă a-L crede, ci doar a-L cunoaște, iar „cunoașterea" nu aduce mântuire.

Tot astfel, indiferent de cât de bine știm Biblia, atâta timp cât nu trăim conform lucrurilor pe care le cunoaștem, nu putem spune că „credem". Adevărata credință este însoțită de fapte, fără îndoială. Dacă cunoaștem Cuvântul dar nu facem nicio faptă, păcatul nostru va fi mai mare decât al celor care nu au trăit potrivit Cuvântului pentru că nu l-au cunoscut (Luca 12:47-48).

Însă, astăzi sunt din ce în ce mai mulți oameni care nu practică Cuvântul lui Dumnezeu. Unii credincioși reușesc să se arate credincioși pe din afară, dar viețile lor nu se deosebesc cu nimic de viețile oamenilor din lume.

De exemplu, merg la biserică și Îl laudă pe Dumnezeu duminica. Dar în viața de zi cu zi, se mânie pe alții și folosesc apelative nepotrivite la adresa lor. Fac tot ce doresc asemenea celor din lume. Credința lor devine nefolositoare, după cum spune Iacov 2:20: „Vrei dar să înțelegi, om nesocotit că credința fără fapte este zadarnică?"

Chiar dacă eu pun accentul pe faptele credinței, nu spun defel că doar faptele sunt standardul prin care se măsoară credința. Fapta la care se referă expresia „Faptele credinței" este cea făcută din adâncul inimii. Dacă un om are credință adevărată, el va cultiva Cuvântul lui Dumnezeu în pământul inimii sale. Fapta va rodi dintr-o astfel de inimă cultivată cu adevăr.

Adevăratele fapte ale credinței

Prin urmare, nu fapta este mai importantă, ci inima cu care este făcută fapta. Odată ce inima este plină de duh, fapta urmează de la sine. Cei care au o credință moartă, fără fapte, nici măcar nu încearcă să-și cultive inimile așa încât să devină pline de duh. De aceea, ei nu practică Cuvântul. Chiar de ar face-o, fapta lor ar deveni doar o faptă făcută de ochii lumii. Acestea sunt faptele făcute cu fățărnicie.

Ei fac fapte doar să fie văzuți de alții. Se prefac pe din afară că acționează sau fac ceea ce știu din teorie. În Matei 6:1, Domnul spune: „Luați seama să nu vă îndepliniți neprihănirea voastră înaintea oamenilor, ca să fiți văzuți de ei; altminteri, nu veți avea răsplată de la Tatăl vostru, care este în ceruri." Acestea sunt faptele celor care vor să fie băgați în seamă de ceilalți.

De asemenea, în Isaia 29:13, scrie: „Domnul zice: «Când se apropie de Mine poporul acesta, Mă cinstește cu gura și cu buzele, dar inima lui este departe de Mine și frica pe care o are de Mine nu este decât o învățătură de datină omenească.»" Ei pot spune de pe vârful buzelor că Îl iubesc pe Dumnezeu și Îi pot cânta laude tot de pe vârful buzelor. Dar fără dragoste și respect, totul este zadarnic.

De exemplu, dacă ne iubim cu adevărat părinții, unele fapte pline de respect vor izvorî din inimă. Chiar dacă nu suntem foarte bogați, ne străduim din răsputeri să ne ajutăm părinții, făcând fapte adevărate.

Spre deosebire de aceștia, unii copii sunt bogați dar, când vine vorba să facă fapte pline de respect, sunt reticenți și le fac pentru că se simt datori. O fac dintr-un sentiment de datorie sau cu un motiv sau scop ascuns. Poate că au în vedere banii pe care îi vor moșteni de la părinți. Acestea nu pot fi considerate fapte pline de respect. Dacă părinții ar cunoaște această intenție a copiilor, inimile lor ar fi îndurerate.

Atunci dar, cum stau lucrurile cu Dumnezeu, care poate cerceta adâncul inimii fiecărui om? Dumnezeu cercetează întotdeauna inima omului împreună cu fapta sa. De aceea, când spunem că Îl iubim pe Dumnezeu și că Îl credem, trebuie să ne arătăm dragostea și credința în faptele făcute din inimă.

Faptele nedesăvârșite ale Bisericii din Sardes

După ce a mustrat biserica, Domnul a spus: „Veghează și întărește ce rămâne, care e pe moarte" (versetul 2). Aceasta înseamnă că oamenii trebuie să își dea seama că o credință moartă nu îi poate mântui și că de acum încolo va trebui să trăiască în conformitate cu adevărul.

Apoi, a continuat: „Căci n-am găsit faptele tale desăvârșite înaintea Dumnezeului Meu" (versetul 2). Aceasta înseamnă că ei s-au întors în lume și au trăit o viață asemenea oamenilor din lume. Cu alte cuvinte, trebuiau să facă din nou fapte desăvârșite și complete.

Răspunsul la ce trebuie să facem ca faptele noastre să fie desăvârșite din nou se află în versetul 3: „Adu-ți aminte dar cum ai primit și auzit! Ține și pocăiește-te!"(versetul 3) Filipeni 4:9 spune: „Ce ați învățat, ce ați primit și auzit de la mine și ce ați văzut în mine, faceți. Și Dumnezeul păcii va fi cu voi." După cum ni s-a spus, dacă practicăm ceea ce învățăm, auzim și vedem, Dumnezeul păcii va fi cu noi întotdeauna. Dar, dacă încă nu am urmat sfatul Domnului – „Ține și pocăiește-te" – atunci trebuie să ne pocăim, să ne întoarcem de la rău și să trăim de acum încolo potrivit Cuvântului.

„Pocăința" nu înseamnă doar a spune: „Îmi pare rău. Nu o să mai fac așa." Trebuie să ne întoarcem complet de la a face răul și să umblăm pe calea dreaptă. Dacă ne-am pocăit cu adevărat, atunci vom împlini Cuvântul cu statornicie, fără să ne răzgândim.

Când ne pocăim, trebuie să ne gândim la cum a fost când ne-am întâlnit cu Dumnezeu. Ar trebui să ne gândim la cum a fost când am crezut în Isus Christos și cât de înflăcărați am fost când am primit Duhul Sfânt. Trebuie să ne gândim la cum a fost când eram în faza dragostei dintâi. Am primit atât de mult har și eram atât de animați de dragostea dintâi. Am prețuit noi dragostea dintâi și am rămas în ea?

Mulți oameni își pierd inima care au avut-o la început și faptele, întorcându-se în lume. Chiar dacă spun că cred, totuși, duc niște vieți care nu se pot deosebi de cele ale restului lumii. Trebuie să ne pocăim de toate acele lucruri, să ne recăpătăm plinătatea și înflăcărarea de la început și să trăim pe baza Cuvântului lui Dumnezeu.

Consecințele pentru cei care nu se pocăiesc

Domnul spune: „Adu-ți aminte dar cum ai primit și auzit! Ține și pocăiește-te! Dacă nu veghezi, voi veni ca un hoț și nu vei ști în care ceas voi veni peste tine" (versetul 3). El vorbește despre consecințele de care vor avea parte cei ce nu se pocăiesc.

Dacă a doua venire a Domnului ne va găsi neîntorși încă de la păcat, atunci va fi prea târziu. Un hoț pătrunde în locurile în care nu sunt dispozitive anti-furt. Tot astfel, cei care nu sunt pregătiți să Îl întâmpine pe Domnul, a doua Sa venire va veni ca un hoț.

În 1 Tesaloniceni 5:4-5 scrie: „Dar voi, fraților, nu sunteți în întuneric, pentru ca ziua aceea să vă prindă ca un hoț. Voi toți sunteți fii ai luminii și fii ai zilei. Noi nu suntem ai nopții, nici ai întunericului." Cu alte cuvinte, Domnul nu va apărea ca un hoț pentru cei care trăiesc în lumină și nu sunt în întuneric.

Bineînțeles, după cum spune Domnul în Matei 24:36 – „Despre ziua aceea și despre ceasul acela, nu știe nimeni: nici îngerii din ceruri, nici Fiul, ci numai Tatăl" – numai Dumnezeu Tatăl știe care este ziua și ora la care Domnul va reveni.

Dar Biblia ne spune cu aproximație când va reveni Domnul. Este asemănator faptului că nimeni nu știe cu exactitate ziua și ora la care o femeie însărcinată va naște bebelușul, dar putem estima dacă se va întâmpla în luna în curs.

Domnul deja ne-a spus care sunt semnele sfârșitului veacului în Matei 24. Trebuie să fim treji și să veghem ca să ne pregătim prin rugăciune pentru a doua venire a Domnului (1 Petru 4:7).

Cuvântul lui Dumnezeu este standardul cu ajutorul căruia se măsoară credința

În 1 Petru 1:23 scrie: „Fiindcă ați fost născuți din nou nu dintr-o sămânță care poate putrezi, ci dintr-una care nu poate putrezi, prin Cuvântul lui Dumnezeu, care este viu și care rămâne în veac."

Lucrurile nu se termină cu primirea semniței nepieritoare care este Cuvântul lui Dumnezeu. Vom putea deveni un om născut din nou, vrednic să fie numit „viu", doar atunci când purtăm de grijă semniței Cuvântului din inima noastră ca să aducem roadă din belșug.

Dacă numai ascultăm Cuvântul lui Dumnezeu și ni-l însușim doar la nivel de cunoștințe, aceasta nu se poate numi credință adevărată. Când însă ne ținem de Cuvântul pe care l-am auzit, ne rugăm și îl practicăm, atunci Cuvântul va încolți și va aduce multă roadă, de o sută, de șaizeci și de treizeci de ori.

Chiar dacă cineva primește o poziție în biserică și se pare că are credință, s-ar putea să fie o credință moartă. Pe din afară, Iuda Iscarioteanul avea o poziție care îi conferea dreptul de a fi recunoscut ca un ucenic al Domnului, dar el a uitat de harul pe care-l primise și în final a murit din cauza păcatului grav pe care l-a comis când L-a vândut pe Isus.

La un anumit moment, și împăratul Saul a fost primit de Dumnezeu și a fost uns ca împărat al Israelului. Dar, a devenit destul de arogant încât să se împotrivească voii lui Dumnezeu și a mers pe calea morții.

De aceea, standardul credinței nu este stabilit de înfățișarea exterioară sau de poziția deținută. Singurul standard este Cuvântul lui Dumnezeu. Dacă cineva învață pe alții sau face un lucru potrivnic Cuvântului lui Dumnezeu, chiar dacă este un conducător în biserică sau chiar pastor, să nu ascultăm de el. Nu faptul că se află într-o poziție în care să îi învețe pe alții este important, ci că pune în aplicare Cuvântul.

Cine împlinește și cea mai neînsemnată din aceste porunci și îi învață pe alții să facă la fel, va fi numit mare în Împărăția Cerurilor. De asemenea, cuvintele acelei persoane vor avea autoritate să schimbe mulți oameni de pe acest pământ.

ÎNDEMNUL DOMNULUI ȘI PROMISIUNEA FĂCUTĂ CÂTORVA CREDINCIOȘI DIN SARDES

Totuși ai în Sardes câteva nume care nu și-au mânjit hainele. Ei vor umbla împreună cu Mine, îmbrăcați în alb, fiindcă sunt vrednici. Cel ce va birui va fi îmbrăcat astfel în haine albe. Nu-i voi șterge nicidecum numele din cartea vieții și voi mărturisi numele lui înaintea Tatălui Meu și înaintea îngerilor. Cine are urechi, să asculte ce zice Bisericilor Duhul (Apocalipsa 3:4 6).

Credincioșii Bisericii din Sardes spunea că ei credeau în Dumnezeu, dar nu trăiau potrivit Cuvântului. Atunci, au auzit mustrarea aspră despre cum li s-a dus vestea că erau vii, dar practic erau morți. Însă, Domnul a spus că erau câțiva care nu-și mânjiseră hainele și care erau vrednici.

De vreme ce Domnul a spus „ai câteva nume", Cuvântul Lui

s-a aplicat numai unui număr mic de membri ai Bisericii din Sardes; aceasta nu era o laudă la adresa întregii biserici.

Câțiva credincioși care nu și-au mânjit hainele

Aici „hainele" simbolizează inima omului. Prin urmare, „nu și-au mânjit hainele" înseamnă că „nu și-au întinat inimile". Cu alte cuvinte, ei trăiau potrivit Cuvântului, prin credința în adevăr, astfel că inimile lor nu erau întinate de păcatul lumii și de rău.

În plus, înseamnă a curăți inima, care a fost întinată înainte de a cunoaște adevărul, împotrivindu-ne păcatului până la sânge. De asemenea, presupune și a nu ne mânji din nou după ce ne-am curățit inima de neadevăr și păcat. Deci, acest lucru se aplică celor care încearcă să stea treji, să se roage și să își păstreze credința adevărată.

Biserica din Sardes se afla în situația în care un orb călăuzește un alt orb astfel că amândoi cad în prăpastie. Totuși, erau acolo câțiva membri care au ascultat de conștiința lor curată și au încercat să facă ceea ce dorea Dumnezeu. Domnul spune unor astfel de oameni: „Ei vor umbla împreună cu Mine, îmbrăcați în alb, pentru că sunt vrednici" (versetul 4).

Bineînțeles, a fi vrednic nu a însemnat că deja ajunseseră la sfințirea deplină. Când ne uităm la credința Bisericii din Sardes, puțini au fost cei care s-au rugat și au încercat să rămână în credința adevărată, iar acest lucru a fost vrednic în ochii Domnului.

Majoritatea membrilor Bisericii din Sardes aveau o credință moartă. Însă, erau câțiva care au continuat să aibă o credință adevărată și au trăit potrivit Cuvântului; pe aceștia Domnul i-a considerat vrednici. Așadar, putem vedea că credința lor era bună. Nu era ușor să își mențină credința în Sardes, în special când se aflau în mijlocul unei adunări care se împrietenise cu lumea și era mânjită de păcate. Cu toate acestea, ei și-au păstrat credința și aceasta a fost cu adevărat o mare binecuvântare.

Spre exemplu, unii sunt persecutați de către membrii familiilor lor din cauză că sunt creștini. Poate că li se pare că viața este grea pe moment dar, prin aceste persecuții, ei se vor rămâne treji și se vor ruga și mai mult. De asemenea, vor învăța să fie îndelung răbdători. Și, în timp ce se vor ruga cu stăruință pentru familia lor, dragostea lor spirituală pentru aceștia se va mări. Odată ce vor avea dragoste spirituală, vor putea să mulțumească în fiecare situație și îi vor vedea pe membrii familiei lor ca suflete prețioase încredințate de Dumnezeu.

În același timp, de vreme ce această persecuție este din pricina numelui Domnului, răsplata lor va fi depozitată în cer. Credința lor va dezvolta rădăcini mult mai puternice deoarece ei și-au păstrat credința într-o situație atât de dificilă. Dumnezeu purifică pe fiecare în parte în mod diferit în funcție de pământul inimii și vasul fiecăruia. Prin purificare, Dumnezeu ne ajută să dobândim ceea ce ne lipsește și face să le meargă bine sufletelor noastre.

Tot astfel, pentru a rămâne credincioși, câțiva membri ai Bisericii din Sardes, care nu și-au mânjit hainele, trebuie că s-au rugat cu mai multă ardoare decât ceilalți. Prin urmare, ei au putut fi considerați vrednici de către Domnul.

Câțiva credincioși umblă cu Domnul îmbrăcați în alb

Câțiva din Biserica din Sardes, care au fost considerați „vrednici" de către Domnul, au putut primi binecuvântarea de a putea „umbla cu Domnul îmbrăcați în alb."

Însă, trebuie să conștientizăm faptul că „a fi cu Domnul" nu este același lucru cu „a umbla cu Domnul." Indiferent de locașul ceresc în care vom merge, este posibil să fim cu Domnul pentru că Domnul poate merge în fiecare locaș din Cer. Chiar dacă ne aflăm în Rai, Domnul va veni la noi și va petrece timp cu noi. Însă, deoarece cei din Rai au primit mântuirea mai puțin onorabilă, ei se vor simți prea rușinați să se întâlnească cu Domnul față-n față sau să umble cu El.

În schimb, a umbla cu Domnul are o semnificație mai mare decât a fi cu Domnul. Doar cei din a Treia Împărăție a Cerurilor, mai precis cei din Noul Ierusalim, pot umbla cu Domnul în adevăratul sens al cuvântului.

A umbla cu Domnul înseamnă a fi cu Domnul oriunde și oricând și, pentru a umbla cu El în Împărăția Cerurilor, trebuie să îndeplinim cerințele. Domnul este cu siguranță cu copiii lui Dumnezeu care trăiesc potrivit adevărului. Dar El va umbla cu cei care Îl iubesc pe Dumnezeu mai presus de orice, care se lepădă de orice fel de răutate și devin sfințiți. Când Domnul umblă cu un om, atunci siguranța, autoritatea și puterea Lui se vor manifesta prin el ca dovadă de netăgăduit.

Semnificația hainelor albe

Domnul i-a îndemnat pe câțiva credincioși din Biserica din Sardes și le-a promis că, „cel ce va birui va fi îmbrăcat astfel în haine albe" (versetul 5).

„A birui" se referă la „a rămâne în credință și a trăi în adevăr". „Hainele albe" se referă la hainele pe care le îmbracă sufletele mântuite; este un simbol al mântuirii. Chiar și cei care nu vor fi ridicați în văzduh la a Doua Venire a Domnului și vor trece prin cei șapte ani ai Necazului cel Mare, vor primi mântuirea și se vor îmbrăca în alb mai târziu.

Hainele albe nu sunt un simbol al mântuirii, ci sunt haine albe date în funcție de nivelul de sfințire al fiecăruia. Cu cât mai înalt este nivelul de sfințire atins, cu atât mai strălucitoare vor fi hainele albe pe care le vor purta. Astfel, în Împărăția Cerurilor, după strălucirea hainelor vom putea vedea cât de mult şi-a sfinţit un om inima pe acest pământ.

De asemenea, vom putea recunoaşte pe baza podoabelor purtate cât de multe răsplăţi a adunat o persoană în timpul vieţii pământeşti. Dumnezeu, care răsplăteşte fiecăruia potrivit cu faptele făcute, dă podoabe minunate în funcţie de faptele făcute pe pământ.

Binecuvântarea de a nu avea numele şters din Cartea vieţii

Domnul a spus că, pe lângă faptul că va primi haine albe, celui care biruieşte nu i se va şterge numele din Cartea Vieţii (versetul 5).

Chiar dacă un om pare că respiră, aceasta nu înseamnă că el este viu cu adevărat. Un om poate avea viaţă adevărată numai atunci când duhul său, care a fost mort din cauza păcatului lui Adam, va fi adus la viaţă. Cei care nu-L primesc pe Domnul şi trăiesc în întuneric au un duh mort. Astfel, când vor muri, vor merge în iad, adică în moartea veşnică.

Însă, când Îl primesc pe Domnul Isus Christos şi primesc Duhul Sfânt, duhul lor mort vine la viaţă şi ei primesc viaţa veşnică. De asemenea, numele lor vor fi scrise în Cartea vieţii din Cer. De aceea ni se spune în Apocalipsa 20:15 că: „oricine n-a fost găsit scris în Cartea Vieții a fost aruncat în iazul de foc".

Cu toate acestea, faptul că numele nostru este scris la momentul de față în Cartea Vieții nu ne garantează mântuirea. Nu vom putea primi mântuirea decât dacă numele nostru va fi scris în momentul în care Dumnezeu Judecătorul deschide Cartea Vieții la judecata dinaintea tronului cel mare și alb. El spune: „Nu-i voi șterge nicidecum numele din Cartea Vieții." Indirect, deducem că numele scris în Cartea Vieții poate fi șters.

Mulți credincioși din ziua de azi cred că odată ce numele lor este înscris în Cartea Vieții, este permanent și astfel vor merge în Cer chiar dacă trăiesc după cum doresc. Dar, în realitate, lucrurile nu stau așa defel. Din momentul în care numele este scris în Cartea Vieții, începem să pășim pe calea ce duce la viața veșnică. Dar, dacă nu mai mergem pe calea care duce la viața veșnică în Cer, Duhul Sfânt poate fi stins (1 Tesaloniceni 5:19), iar numele nostru va fi șters din Cartea Vieții (Exodul 32:33).

De asemenea, în 1 Corinteni 15:2 este scris: „prin care sunteți mântuiți, dacă o țineți așa după cum v-am propovăduit-o; altfel, degeaba ați crezut." „A crede degeaba" înseamnă a avea o credință firească. Este credința moartă care nu are faptele adevărului. Dacă am frecventat o biserică multă vreme și cunoaștem Biblia cu de-amănuntul, atâta vreme cât nu trăim pe baza Cuvântului lui Dumnezeu ci după cum trăiesc oamenii lumești, avem o credință „moartă".

Biblia menționează, de asemenea, faptul că, dacă facem faptele firii care sunt vădite, inclusiv imoralitate, necurăție, senzualitate și idolatrie, nu putem moșteni Împărăția Cerurilor (Galateni 5:19-21).

Biblia vorbește și despre „păcate care duc la moarte". Acestea sunt „hula împotriva Duhului Sfânt", „vorbirea împotriva Duhului Sfânt" (Matei 12:31-32), „căderea de la credință după ce au gustat părtășia Duhului Sfânt și răstignirea și batjocorirea din nou a Domnului" (Evrei 6:6) și „păcătuirea cu voia după ce au primit cunoștința adevărului" (Evrei 10:26).

Biblia consemnează modul în care putem fi mântuiți. Dar, în același timp, ne spune în detaliu cum am putea ajunge să fim înghițiți de moarte. Mântuirea nu este hotărâtă doar la un moment dat. Trebuie să ne dăm seama că ea este un proces care va continua până când Domnul va reveni.

Chiar dacă suntem în perimetrul mântuirii, s-ar putea să ieșim din el datorită propriei voințe libere. Tot astfel, chiar dacă suntem în afara perimetrului, am putea reveni în interiorul lui la un moment dat.

Binecuvântarea de a avea numele mărturisit înaintea lui Dumnezeu și înaintea îngerilor Săi

Câtorva membri ai Bisericii din Sardes li s-a promis de

Domnul următoarele: „Voi mărturisi numele lui înaintea Tatălui și înaintea îngerilor Lui" (versetul 5). La judecata dinaintea scaunului de domnie mare și alb, înaintea lui Dumnezeu Judecătorul, vom fi recunoscuți de Domnul care va spune: „acesta este un copil al lui Dumnezeu." O astfel de recunoaștere din partea Domnului trebuie să fie aprobată și de îngeri. Există îngeri care ne cercetează faptele și inima, chiar și gândurile, și le comunică și le consemnează (Matei 18:10). De asemenea, ei duc rugăciunile noastre la altarul de aur (Apocalipsa 8:3-4).

De asemenea, există îngeri trimiși de Dumnezeu ca să-i protejeze pe copiii Lui. Mai apoi, există îngeri care cercetează fiecare persoană în parte. Rapoartele întocmite de acești îngeri vor fi folosite ca dovezi și mărturii la judecata dinaintea scaunului de domnie mare și alb.

Îngerii înșiși nu pot mărturisi despre noi, nici nu ne pot aproba în ziua judecății. Dar, prin intermediul rapoartelor precise făcute de ei, trebuie să fim considerați că am trăit o viață care să ne învrednicească să fim copii ai lui Dumnezeu. Deoarece îngerii sunt cei care ne supraveghează cel mai de aproape, recunoașterea din partea lor este esențială.

Domnul dorește ca Biserica din Sardes să se schimbe

Domnul își încheie mesajul spunând aceleași lucruri ca și altor biserici: „Cine are urechi de auzit, să asculte ce zice Bisericilor Duhul" (versetul 6). Cu o inimă sinceră, care tânjește ca ei să ia aminte la ceea ce au auzit, Domnul invită încă o dată Biserica din Sardes să se schimbe.

Biserica din Sardes avea o credință moartă. Dacă nu s-ar fi pocăit și nu s-ar fi întors, nu ar fi avut nimic de-a face cu mântuirea. Dar, de vreme ce au auzit și au aflat adevărul, ei știau adevărul cel puțin la nivelul minții. Acum sosise vremea ca ei să-și schimbe credința de la nivelul minții cu o credință vie, însoțită de fapte.

De asemenea, chiar dacă aveau credința de a fi mântuiți, ei trebuiau să rămână fermi și să fie biruitori până la revenirea Domnului. Doar atunci vor putea fi îmbrăcați în alb, simbolul mântuirii, și vor putea primi slava și răsplățile din Cer potrivit cu faptele pe care le-au făcut pe pământ.

Însă, multe biserici din ziua de azi nu realizează acest lucru; ele nu se dezmeticesc din ațipirea spirituală și au o credință moartă. Mai grav este faptul că nu au un păstor care să le învețe adevărul. Sunt ca un orb care se ia după o călăuză oarbă.

Dumnezeu dorește ca cei care au urechi de auzit, să asculte Cuvântul Lui și să ajungă să fie mântuiți. De asemenea, El dorește ca cei care Îl iubesc cu adevărat pe Dumnezeu Tatăl să Îl caute pe Domnul și să tânjească după adevăr. El vrea ca aceștia să fie călăuziți bine pentru a putea primi un locaș mai bun în Cer.

Prin urmare, trebuie să ne dăm seama ce mare binecuvântare este să avem credință adevărată și să devenim mireasa desăvârșită a Domnului, fără nicio pată, pentru a putea umbla cu Domnul în Cer o veșnicie.

CAPITOLUL 6

BISERICA DIN FILADELFIA:
- A primit doar cuvinte de laudă pentru faptele sale de credință

Biserica din Filadelfia a fost singura dintre cele șapte biserici care a primit doar cuvinte de laudă. Deși aveau doar puțină putere, cei din biserica Filadelfia nu au fost pângăriți de lume și și au păstrat credința. Datorită acestui fapt, ei au primit cheia lui David ce poate deschide poarta binecuvântărilor. Au primit dovezile dragostei lui Dumnezeu și binecuvântarea promisiunii că vor deveni un stâlp în Noul Ierusalim.

Cuvântul dat bisericii din Filadelfia este pentru bisericile și membrii bisericilor care, deși au puțină credință, caută să păzească Cuvântul lui Dumnezeu și să facă semne, minuni și lucrări puternice prin aceasta.

Apocalipsa 3:7-13

Îngerului Bisericii din Filadelfia scrie-i: „Iată ce zice Cel Sfânt, Cel Adevărat, Cel ce ține cheia lui David, Cel ce deschide, și nimeni nu va închide, Cel ce închide, și nimeni nu va deschide:

«Știu faptele tale: iată, ți-am pus înainte o ușă deschisă pe care nimeni n-o poate închide, căci ai puțină putere, și ai păzit Cuvântul Meu și n-ai tăgăduit Numele Meu. Iată că îți dau din cei ce sunt în sinagoga Satanei, care zic că sunt iudei și nu sunt, ci mint; iată că îi voi face să vină să se închine la picioarele tale, și să știe că te-am iubit. Fiindcă ai păzit cuvântul răbdării Mele, te voi păzi și Eu de ceasul încercării, care are să vină peste lumea întreagă ca să încerce pe locuitorii pământului.

Eu vin curând. Păstrează ce ai, ca nimeni să nu-ți ia cununa. Pe cel ce va birui îl voi face un stâlp în Templul Dumnezeului Meu, și nu va mai ieși afară din el. Voi scrie pe el Numele Dumnezeului Meu și numele cetății Dumnezeului Meu, Noul Ierusalim, care are să se coboare din cer de la Dumnezeul Meu, și Numele Meu cel nou.» Cine are urechi să asculte ce zice bisericilor Duhul."

Scrisoarea Domnului către biserica din Filadelfia

Îngerului Bisericii din Filadelfia scrie-i: „Iată ce zice Cel Sfânt, Cel Adevărat, Cel ce ține cheia lui David, Cel ce deschide, şi nimeni nu va închide, Cel ce închide, şi nimeni nu va deschide" (Apocalipsa 3:7).

Pe vremea când apostolii lucrau în Filadelfia, acesta era un oraş mic cu o populație de aproximativ 1.000 de locuitori. Cutremurele din zonă erau dese, astfel că majoritatea localnicilor erau fermieri. Ei se desfătau cu vinuri şi petreceri, în timp ce se închinau lui Dionis, zeul vinului din mitologia greacă. Filadelfia era şi un oraş de tranzit, care făcea legătura între Sardes, Pergam, Troia şi Roma.

Biserica din Filadelfia a fost singura dintre cele şapte biserici care a primit doar cuvinte de laudă din partea Domnului. Este un exemplu bun pentru multe biserici din ziua de azi.

Domnul este Sfânt şi Adevărat

Domnul care vorbeşte bisericii din Filadelfia este „sfânt şi adevărat." În acest context, „sfânt" înseamnă că El este mai presus de orice om, neatins de păcat. Domnul Îi dă slavă numai lui Dumnezeu, deoarece trăieşte doar prin Cuvântul lui Dumnezeu, fără pată şi fără zbârcitură.

Iniţial, cuvântul „sfânt" nu putea fi atribuit niciunei fiinţe umane. Numai Dumnezeu este sfânt şi adevărat. Însă, dacă un om recapătă chipul lui Dumnezeu care s-a pierdut din cauza păcatului şi dacă ajunge să se asemene lui Dumnezeu şi să atingă nivelul Lui de sfinţenie, atunci se poate folosi termenul de „sfânt". Această idee este bazată pe 1 Petru 1:16.

În Ioan 10:34-36, Isus spune: „Nu este scris în Legea voastră: «Eu am zis: sunteţi dumnezei?» Dacă Legea a numit ,dumnezei' pe aceia cărora le-a vorbit cuvântul lui Dumnezeu - şi Scriptura nu poate fi desfiinţată - cum ziceţi voi că hulesc Eu, pe care Tatăl M-a sfinţit şi M-a trimis în lume? Şi aceasta, pentru că am zis: „Sunt Fiul lui Dumnezeu!"

Aici, „aceia cărora le-a vorbit cuvântul lui Dumnezeu" se referă la cei care păzesc şi trăiesc Cuvântul adevărului. Dumnezeu îi consideră pe aceştia dumnezei.

Doar pentru că Dumnezeu îi consideră dumnezei, nu înseamnă că ei sunt la acelaşi nivel cu Dumnezeu, ci că Dumnezeu îi consideră copii deplini ai Lui. El îi consideră ca fiind oameni ai duhului şi oameni ai adevărului.

De aceea, Domnul nostru Isus spune in Matei 5:48: „Voi fiți, dar, desăvârşiți, după cum şi Tatăl vostru cel ceresc este desăvârşit." El spune, de asemenea, în Ioan 17:17-19: „Sfințeşte-i prin adevărul Tău: Cuvântul Tău este adevărul. Cum M-ai trimis Tu pe Mine în lume, aşa i-am trimis şi Eu pe ei în lume. Şi Eu însumi Mă sfințesc pentru ei, ca şi ei să fie sfințiți prin adevăr." După cum s-a menționat, voia lui Dumnezeu este ca noi să devenim sfinți precum şi El este sfânt.

Mai departe, „adevărat" înseamnă „fără falsitate sau neadevăr". Se referă la cineva ce nu se schimbă, este nepărtinitor, nu minte, nu înşală, nu încalcă promisiuni, nu este viclean, este veşnic neclintit; toate acestea reprezintă ceva ce este „adevărat". „A fi adevărat" este foarte important. Credința o putem primi numai când suntem adevărați; atunci Cuvântul lui Dumnezeu devine viu şi activ în noi, iar noi vom experimenta puterea lui Dumnezeu. Aceasta deoarece Cuvântul însuşi al lui Dumnezeu este adevărul.

Pe de altă parte, când nu suntem adevărați, putem avea

îndoieli și putem fi ispitiți de neadevăr. Nici nu putem cunoaște vreodată inima adevărată (1 Corinteni 2:13). Acum, ce înseamnă că Domnul ține cheia lui David?

Domnul ține cheia lui David

David a fost al doilea împărat al lui Israel. Încă din tinerețe, el s-a temut de Dumnezeu și L-a iubit. Sub domnia lui David Israelul a avut parte de cea mai prosperă perioadă. Și-a mărit teritoriul, s-a bucurat de multe bogății, ba chiar și țările vecine îi plăteau tribut. În plus, David a fost extrem de iubit și avea trecere înaintea lui Dumnezeu și înaintea poporului lui Israel.

Pentru a deschide ușa unei încăperi pline cu comori avem nevoie de o cheie. Numai cel care are cheia încăperii poate descuia ușa și se poate bucura de toate comorile dinăuntru. Dumnezeu i a dat lui David cheia care poate deschide orice ușă a binecuvântării, ca el să se poată bucura de tot felul de binecuvântări. Acest lucru a fost posibil deoarece David a fost un om după inima lui Dumnezeu.

Totuși, David a fost nevoit să treacă prin grele încercări pentru a îndeplini cerințele necesare de a primi cheia. Pentru a ascunde faptul că s-a culcat cu soția supusului său Urie și că aceasta a rămas însărcinată, David a pus la cale uciderea lui Urie. Acesta a fost începutul încercărilor sale. A fost un păcat grav, dar înfăptuirea lui nu a însemnat că David a fost o persoană foarte rea.

Mai degrabă, David L-a iubit pe Dumnezeu mai mult decât pe oricine. Dar fiindcă în firea lui se afla o rădăcină adâncă a răului, aceasta s-a manifestat sub forma unui păcat mare.

Întrucât ştia că în firea lui David rămăsese o urmă a răului, Dumnezeu i-a permis să treacă prin încercări pentru a-şi putea regăsi adevărata natură şi a ajunge să fie sfinţit pe deplin.

Prin urmare, chiar şi în timpul încercărilor cumplite, David a lăsat totul în mâinile lui Dumnezeu. Din cauza răzvrătirii propriului său fiu, Absalom, împăratul David a fost nevoit să fugă în mare grabă. Apoi Şimei, un om de rând, l-a blestemat spunând: „Du-te, du-te, om al sângelui, om rău!" (2 Samuel 16:7). Cu toate acestea, David nu l-a pedepsit. Dimpotrivă, el s-a smerit pentru a putea primi compasiunea lui Dumnezeu. Era o atitudine foarte diferită de cea anterioară, când cauzase moartea nevinovatului Urie, folosindu-şi autoritatea de împărat.

În acelaşi mod, prin aceste încercări el a putut deveni şi mai mult un om după inima lui Dumnezeu. După ce Dumnezeu l-a şlefuit ca pe un vas potrivit să primească binecuvântări, Dumnezeu i-a dat lui David o cheie cu care să deschidă uşa înspre mari binecuvântări. Mai presus de toate, el a primit o binecuvântare de neimaginat şi anume, prin genealogia sa, s-a născut Isus care a deschis calea spre mântuire.

Cheia lui David nu este oferită doar anumitor oameni aleși. Ea este oferită fără părtinire oricărui om care Îl iubește pe Dumnezeu, se aseamănă cu Domnul și devine sfânt și adevărat. Pe măsură ce îndeplinim condițiile pe care le vrea Dumnezeu, ni se va deschide ușa binecuvântărilor de sănătate și a altor binecuvântări, cum ar fi bunăstarea, cinstea și autoritatea. Iar în cele din urmă ni se va da și cheia care deschide ușa celei mai mari binecuvântări, ușa Noului Ierusalim.

Despre Domnul, Cel care ține cheia tuturor binecuvântărilor, este scris: „Cel ce deschide, și nimeni nu va închide, Cel ce închide, și nimeni nu va deschide" (versetul 8).

Aceasta este pentru că ușa către mântuire nu poate fi deschisă decât în Numele Domnului Isus Christos, iar odată deschisă, nimeni nu o poate închide, după cum este scris în Fapte 4:12: „În nimeni altul nu este mântuire: căci nu este sub cer niciun alt Nume dat oamenilor în care trebuie să fim mântuiți."

Nici măcar dușmanul diavolul și Satana nu o pot închide! Domnul deschide și închide totul potrivit voii lui Dumnezeu și El îndeplinește toate lucrurile cu exactitate după planul lui Dumnezeu, fără să facă nicio greșeală, indiferent cât de mică.

Cazul Bisericii din Filadelfia aplicat la zilele noastre

Mesajul dat bisericii din Filadelfia menționează caracteristicile unei biserici pe care Dumnezeu Însuși a ales-o și a supravegheat-o.

Este biserica pe care El o recunoaşte şi o călăuzeşte. Biserica din ziua de azi lăudată de Domnul asemenea bisericii din Filadelfia are puţină putere dar nu se va compromite cu lumea. Ei vor păzi Cuvântul lui Dumnezeu şi indiferent de persecuţii sau încercări, vor rezista până la capăt şi vor birui prin dragoste şi credinţă.

Acest fel de biserică va primi aceleaşi binecuvântări ca cele date bisericii din Filadelfia. Şi anume, vor avea parte de dovada dragostei lui Dumnezeu pentru ei şi vor face lucrări minunate prin puterea lui Dumnezeu.

Dumnezeu va deschide multe uşi ale binecuvântărilor, inclusiv uşa autorităţii spirituale pentru a i înfrânge şi alunga pe duşmanul diavolul şi pe Satana. El va deschide uşa puterii lui Dumnezeu pentru a demonstra mari semne şi minuni şi alte lucrări extraordinare. Prin aceste uşi, o astfel de biserică poate aduce o mulţime de suflete pe calea mântuirii.

De asemenea, atunci când se deschid uşile binecuvântărilor pentru biserică, în măsura în care membrii ei îndeplinesc cerinţele, ei vor fi tot mai aproape de primirea cheii Noului Ierusalim.

Încă de la deschiderea Bisericii Centrale Manmin, eu am luat drept model biserica din Filadelfia şi noi am făcut tot ce ne-a stat în putinţă să devenim o biserică frumoasă care să poată fi lăudată de Domnul. Am îndurat felurite persecuţii şi încercări pentru a păzi Cuvântul lui Dumnezeu şi a nu face compromisuri cu lumea.

Drept urmare, Dumnezeu a permis ca prin puterea creatoare să aibă loc lucruri mărețe și de neimaginat. Bineînțeles, aceasta nu înseamnă că lucrările puternice care se întâmplă în prezent au existat de la început. Pe măsură ce trecem biruitori prin perioadele în care Dumnezeu ne curăță ca într-un cuptor, prin credință, iar El ne conduce înspre niveluri mai înalte.

Deși Dumnezeu ne-a oferit cheia binecuvântărilor, depinde de fiecare credincios și biserică în parte să deschidă ușa și să se bucure de binecuvântările aflate în încăpere.

Hagai 2:9 spune: „Slava acestei Case din urmă va fi mai mare decât a celei dintâi, zice Domnul oștirilor." Precum vedem, chiar dacă avem putere puțină, ar trebui să facem tot ce ne stă în putință, în situația în care ne găsim, pentru a putea îndeplini lucruri mai mari decât înainte, dându-I slavă lui Dumnezeu.

Lauda Domnului la adresa Bisericii din Filadelfia

Ştiu faptele tale: iată, ţi-am pus înainte o uşă deschisă pe care nimeni n-o poate închide, căci ai puţină putere, şi ai păzit Cuvântul Meu şi n-ai tăgăduit Numele Meu. Iată că îţi dau din cei ce sunt în sinagoga Satanei, care zic că sunt iudei şi nu sunt, ci mint; iată că îi voi face să vină să se închine la picioarele tale, şi să ştie că te-am iubit. Fiindcă ai păzit cuvântul răbdării Mele, te voi păzi şi Eu de ceasul încercării, care are să vină peste lumea întreagă ca să încerce pe locuitorii pământului. (Apocalipsa 3:8-10).

Când oamenii înfăptuiesc mari realizări în diferite domenii ce contribuie la dezvoltarea civilizaţiei umane, sau când săvârşesc fapte virtuoase de dragoste, numele lor rămân în memorie şi sunt lăudate de-a lungul generațiilor.

Dacă am putea fi iubiți și recunoscuți de vecinii noștri în acest fel, ne-am bucura tare mult. Iar dacă am putea fi lăudați de Domnul asemenea bisericii din Filadelfia, ar fi un lucru etern și adevărat. Aprecierea și fericirea aceasta nu se poate compara cu nimic altceva.

Domnul a pus în fața bisericii din Filadelfia o ușă deschisă

Bisericii din Filadelfia, înainte de o lăuda, Domnul i-a dat o promisiune că o va binecuvânta.

El a spus: „Iată, ți-am pus înainte o ușă deschisă pe care nimeni n-o poate închide" (versetul 8). Odată ce Domnul deschide ușa binecuvântării, niciun om, niciun înger, nici dușmanul diavolul și nici Satana nu o pot închide. Domnul a fost ascultător până la moarte, făcând voia lui Dumnezeu. El a biruit autoritatea morții și în urma acelei victorii, Dumnezeu L-a desemnat Rege al regilor și Domn al domnilor.

De asemenea, în Ioan 4:13 citim: „Și orice veți cere în Numele Meu, voi face, pentru ca Tatăl să fie proslăvit în Fiul." După cum s-a menționat, Dumnezeu a promis că ne va da orice vom cere în Numele lui Isus Christos.

Petru, ucenicul lui Isus, a mărturisit înaintea lui Isus: „Tu ești

Hristosul, Fiul Dumnezeului celui Viu!" (Matei 16:16). Apoi, Isus i-a spus lui Petru: „Şi Eu îţi spun: tu eşti Petru, şi pe această piatră voi zidi Biserica Mea, şi porţile Locuinţei morţilor nu o vor birui. Îţi voi da cheile Împărăţiei cerurilor, şi orice vei lega pe pământ va fi legat în ceruri, şi orice vei dezlega pe pământ va fi dezlegat în ceruri" (Matei 16:18-19).

Este o mare autoritate în Cuvântul Lui care spune: „ţi-am pus înainte o uşă deschisă pe care nimeni n-o poate închide." Este autoritatea dată lui Petru că orice va lega pe pământ va fi legat în Ceruri şi orice va dezlega pe pământ va fi dezlegat în Ceruri.

Însă acest cuvânt de binecuvântare nu este doar pentru biserica din Filadelfia, ci pentru orice persoană sau biserică pe care Domnul o recunoaşte. Întrucât biserica şi oamenii pe care Dumnezeu Însuşi îi alege şi îi călăuzeşte se află în planul lui Dumnezeu, odată ce o uşă este deschisă de Domnul, nimeni nu o poate închide, sub nicio formă.

Oricât de mult ar încerca duşmanul diavolul să pună piedici, odată ce Dumnezeu a hotărât şi a dat o poruncă prin care ceva să fie dus la îndeplinire, acel lucru se va îndeplini cu siguranţă, pentru a aduce slavă lui Dumnezeu.

Domnul este acelaşi, ieri, azi şi în veci. El va fi cu noi până când va reveni să ne ia. El va garanta pentru bisericile şi membrii lor pe care Dumnezeu i-a hotărât.

Biserica din Filadelfia a păzit Cuvântul lui Dumnezeu chiar dacă a avut doar puțină putere

Motivul pentru care biserica din Filadelfia a putut primi toate aceste binecuvântări a fost că ei au păzit Cuvântul lui Dumnezeu având doar puțină putere și n-au tăgăduit Numele Domnului. Dar de ce-a spus Dumnezeu că această biserică avea doar puțină putere din moment ce El o lăudase pentru că îi mergea bine?

Expresia are două înțelesuri. Primul, „puțină putere" se referă la o stare în care avem credință mică cât un bob de muștar, imediat după ce Îl primim pe Domnul. Totuși, o sămânță atât de mică crește până devine un copac imens și multe păsări vin și se odihnesc pe ramurile lui. În același fel, credința noastră crește și devine o credință mare, pe măsură ce înaintăm în viața noastră de creștin.

Totuși, cei din biserica din Filadelfia au păzit Cuvântul lui Dumnezeu pe care-l învățaseră și au crescut în credința lor chiar de pe vremea când aveau puțină putere, cu alte cuvinte, de când aveau o măsură mică de credință.

De fapt, pentru cei care își încep viața de creștin nu este ușor să păzească Cuvântul lui Dumnezeu când au așa puțină putere. Așadar, deși cunosc adevărul, fiindcă nu prea au putere pentru a birui lumea, ei nu-l pot pune în aplicare în viețile lor.

De exemplu, ascultă un mesaj care îi îndeamnă să scape de irascibilitate. Aşa că iau o decizie să trăiască conform Cuvântului. Dar când se întâmplă ceva care îi supără, se enervează uşor pentru că puterea lor e mică. Cu toate acestea, deşi au puţină putere, dacă strâng cu adevărat Cuvântul în inima lor şi se roagă cu ardoare, ei vor fi biruitori cu ajutorul Duhului Sfânt.

Cei din biserica din Filadelfia aveau puţină putere, dar se rugau cu ardoare şi păzeau Cuvântul, iar în felul acesta credinţa lor creştea repede. Au devenit până la urmă o biserică care a primit cuvinte de laudă din partea Domnului.

Apoi, faptul că au păzit Cuvântul lui Dumnezeu cu puţină putere înseamnă că, deşi în realitate au avut mare putere, ei au împlinit voia lui Dumnezeu cu smerenie, ca şi cum ar fi avut puţină putere. Haideţi să vedem acest lucru din exemplul lui Isus, Domnul nostru.

Isus este, în primul rând, una cu Dumnezeu Tatăl. El este singurul şi unicul Fiu al lui Dumnezeu şi are aceeaşi putere şi autoritate ca Dumnezeu. Însă, acest Isus a luat chipul unui om smerit când a venit pe acest pământ. A trăit asemenea celorlalte fiinţe umane. A trebuit să îndure aceeaşi foame, oboseală, frig şi aceleaşi dureri trupeşti pe care le îndură fiinţele umane.

El a îndeplinit misiunea de Mântuitor, nu în calitate de Fiu maiestuos şi glorios al lui Dumnezeu, ci în calitate de om de rând cu puțină putere. Deși El avea putere nemărginită, a îndeplinit toate lucrurile după dreptate, în calitate de om simplu cu putere minimă și limitată.

Tot așa, deși poate unii dintre noi avem o inimă bună și potențial, Dumnezeu nu ne încredințează necondiționat o putere mare de la bun început. El ne conduce pas cu pas, după dreptate, astfel ca puterea mică pe care o avem să poată crește și să devină o putere mare.

Prin acea putere puțină, biserica din Filadelfia nu a tăgăduit Numele Domnului

Biserica din Filadelfia a fost lăudată pentru că a păzit Cuvântul lui Dumnezeu precum și pentru că nu a tăgăduit Numele Lui. Aici, expresia „a tăgăduit Numele Lui" nu se referă doar la a tăgădui fizic Numele Lui și a-L părăsi.

Dacă un om cunoaște voia lui Dumnezeu, dar nu trăiește în ascultare de ea, în sens larg aceasta înseamnă că el tăgăduiește Numele Domnului. Unii oameni mărturisesc cu gura lor că au credință. Cu toate acestea, sunt purtați încoace și încolo, se îndoiesc când de una când de alta și, în cele din urmă, se întorc în lume, fără să fi încercat măcar să facă voia Lui.

Dacă un om știe care este voia lui Dumnezeu dar continuă să nu asculte pentru că i se par niște chestiuni banale, când va trece prin încercări sau necazuri, nu le va putea birui. În schimb, va murmura și se va plânge împotriva lui Dumnezeu. Poate chiar va părăsi biserica sau se va gândi: „Ce lucru neînsemnat", și nu se va supune adevărului. Dar în cele din urmă, va ajunge într-o situație în care Îl va trăda pe Domnul.

Biserica din Filadelfia a început cu putere puțină, adică cu o măsură mică de credință. Și chiar și atunci când credința lor era încă în creștere, faptele lor au fost suficiente pentru a primi cuvinte de laudă din partea Domnului. Ei au trăit numai conform Cuvântului, în fiecare situație. Nu L-au tăgăduit pe Dumnezeu, nici măcar când au trecut prin necazuri și încercări, ci și-au păstrat credința și au ajuns să stea tot mai ferm pe stânca credinței.

Pentru a păzi Cuvântul Domnului și a nu tăgădui Numele Lui când avem așa „puțină putere", cel mai important lucru este că trebuie să ne rugăm neîncetat.

Nu putem să ne lepădăm de neadevăr și să biruim asupra întunericului prin propriile noastre forțe și puteri. Și pentru că acest lucru îl putem face numai prin harul și tăria lui Dumnezeu, noi trebuie să le primim pe acestea prin rugăciune.

Ar trebui, de asemenea, să înțelegem corect care este voia Domnului. Trebuie să cunoaștem ce este păcatul, ce este întunericul și ce se înțelege prin „fire". Trebuie să ne lepădăm de toate acestea numaidecât. Dacă nu, s-ar putea să ne abatem de pe calea neprihănirii și să mergem în direcția greșită pentru că nu cunoaștem voia Domnului.

Așadar, cei care vor cu adevărat să cunoască voia Domnului pot fi mulțumitori și bucuroși când sunt mustrați și dojeniți pentru că astfel ei ajung să înțeleagă voia Domnului tot mai clar și să trăiască în ascultare de ea.

Biserica din Filadelfia a primit dovada dragostei lui Dumnezeu

Întocmai cum spune Domnul: „Știu faptele tale," Domnul a știut tot ce făcuseră ei pentru a păzi Cuvântul Lui. Deși au avut puțină putere și credință mică, ei nu I-au tăgăduit Numele, iar El le-a arătat dovezi ale dragostei Lui.

El a spus: „Iată că îți dau din cei ce sunt în sinagoga Satanei, care zic că sunt iudei și nu sunt, ci mint; iată că îi voi face să vină să se închine la picioarele tale, și să știe că te-am iubit" (versetul 9).

După cum am explicat mai devreme, „sinagoga Satanei" este un grup de doi sau mai mulți oameni care vorbesc împotriva adevărului și creează probleme în biserică. Iar cei „care zic că sunt iudei și nu sunt" sunt cei care afirmă că ei cred în Dumnezeu și că sunt copii ai lui Dumnezeu, dar fac parte din sinagoga Satanei. Ei pun piedici în calea Împărăției lui Dumnezeu.

De pe buze spun că sunt copii ai lui Dumnezeu, însă nu trăiesc în adevăr, bârfesc, judecă și condamnă pe alții. Creează doar probleme și certuri în biserică.

Dacă ceva nu se potrivește cu ideile sau tiparele lor de gândire, ajung să îi condamne pe alții care manifestă slava lui Dumnezeu prin semne și minuni miraculoase. „Cei care zic că sunt iudei și nu sunt" sunt cei care afirmă că sunt credincioși însă persecută bisericile și păstorii pe care Dumnezeu Însuși i-a ales, punând piedici în Împărăția lui Dumnezeu.

Biblia spune că cel care îl tăgăduiește pe Christos Isus este mincinosul și Antihristul (1 Ioan 2:22). Dar există unii oameni care mint, deși afirmă că sunt credincioși.

În 1 Ioan 1:6 ni se spune: „Dacă zicem că avem părtășie cu El, și umblăm în întuneric, mințim și nu trăim adevărul." Precum am spus, mincinoșii sunt cei care spun că ei cred, însă în realitate nu trăiesc după Cuvântul lui Dumnezeu.

Domnul zice: „Îi voi face să vină să se închine la picioarele tale." Aceasta înseamnă că până și astfel de oameni își vor conștientiza în cele din urmă fărădelegile lor în prezența puterii lui Dumnezeu, se vor pocăi și vor veni. Prin aceasta, Dumnezeu confirmă că Își iubește biserica și pe slujitorii Lui.

Biserica din Filadelfia a suferit, de asemenea, persecuții și necazuri din partea celor care ziceau că sunt iudei şi nu erau. Însă, Dumnezeu i-a făcut pe astfel de oameni să vină şi să se pocăiască înaintea bisericii. Dumnezeu a demonstrat astfel că a iubit biserica din Filadelfia. Dar nu toţi urmau să se pocăiască şi să se întoarcă din căile lor.

Ei deja au înfăptuit păcatul blasfemiei împotriva Duhului Sfânt prin faptul că au vorbit împotriva Duhului Sfânt. Aşadar, nu este un lucru uşor pentru ei să se pocăiască, să se întoarcă şi să fie iertaţi (Matei 12:31-32). Dar printre cei care îşi spun iudei, există câţiva care au o inimă bună. Când ei vor auzi Cuvântul Adevărului şi vor vedea lucrările puterii lui Dumnezeu, îşi vor da seama de păcatele lor şi se vor pocăi.

Dumnezeu Îşi arată dragostea în încercări

Uneori, Dumnezeu permite copiilor Săi preaiubiţi să treacă prin prigoniri sau încercări, ca parte a procesului de şlefuire. Dar în cele din urmă, toate se vor transforma în binecuvântări şi acest lucru se va vedea clar. Pe de altă parte, cei care prigonesc sau creează necazuri vor fi judecaţi după dreptate.

A te ridica împotriva unei persoane sau biserici pe care Dumnezeu o iubeşte şi pentru care El garantează, înseamnă a te ridica împotriva lui Dumnezeu Însuşi. Aşadar, când citim Biblia, vedem că astfel de oameni au ajuns să aibă un sfârşit tragic. Când oamenii mărturisesc că Îl iubesc pe Dumnezeu, ei trebuie să facă dovada dragostei lor prin fapte corespunzătoare. Tot aşa, Dumnezeu nu numai că le spune copiilor Săi „Te iubesc", ci le şi arată dovada puternică a dragostei Sale.

În Biblie, cei care erau iubiţi de Dumnezeu au putut arăta dovezi clare ale faptului că Dumnezeu era cu ei. Dumnezeu este acelaşi ieri, azi şi în veci, iar Dumnezeu arată aceste dovezi în felurite moduri bisericilor şi păstorilor pe care îi iubeşte.

În primul rând, Dumnezeu face nenumărate lucrări care dovedesc ca El este Dumnezeul Cel viu. De asemenea, prin inspiraţia Duhului Sfânt, Dumnezeu descoperă secretul adânc al tărâmului spiritual, pe care niciun om nu-l poate înţelege. Duşmanul diavolul poate încerca să aducă tulburare, însă Dumnezeu arată dovada dragostei prin faptul că-i protejează.

Mai mult, împotrivirile celor care îşi spun evrei şi nu sunt, pot fi o ocazie ca Dumnezeu să Îşi manifeste şi mai mult puterea.

Duşmanul şi diavolul Satana îi poate instiga pe cei răi să aducă încercări şi prigoniri împotriva aleşilor lui Dumnezeu care, după legea dreptăţii, vor putea primi astfel şi mai mult din puterea lui Dumnezeu. Cu cât mai mult biruiesc încercările prin bunătate, dragoste şi credinţă, cu atât mai multă putere vor primi de la Dumnezeu. În cele din urmă, oamenii aleşi ai lui Dumnezeu pot ajunge la un nivel extraordinar al puterii lui Dumnezeu.

Biserica din Filadelfia a fost ferită de ceasul încercării

Credincioșii din biserica din Filadelfia au păzit Cuvântul lui Dumnezeu și nu au tăgăduit Numele Domnului, chiar dacă aveau putere puțină. Ei au păzit, de asemenea, cuvântul răbdării Sale și au fost păziți de ceasul încercării (versetul 10). De ce zice „cuvântul răbdării"?

Pentru a păzi Cuvântul lui Dumnezeu, uneori este nevoie de multă răbdare. Acest lucru este valabil mai ales când avem putere puțină sau credință fragilă. Întrucât în această fază a credinței slabe, tendința din inima noastră de a urma neadevărul este mai puternică decât cea de-a urma binele și adevărul, pentru a o birui și pentru a lupta împotriva păcatului și a urma adevărul, trebuie să perseverăm constant prin rugăciune și post.

Dar când adevărul din inimă ajunge să fie mai puternic decât neadevărul, atunci umblarea în adevăr este mult mai ușoară. Nu mai trebuie să răbdăm sau să suprimăm dorințele firii ca înainte. Faptele adevărului vor veni în mod natural după ce vom depune puțin efort.

Dar nu ar trebui să lăsăm lucrurile mai moale doar pentru că adevărul din inimă este mai puternic decât neadevărul. Până când nu ne lepădăm de orice formă a răului, trebuie să răbdăm cu perseverență și să ținem sub control lucrurile care ar putea ieși la iveală din noi.

Când căutăm să răbdăm cu perseverență și să facem tot ce ne stă în putință pentru a trăi conform Cuvântului lui Dumnezeu, după măsura noastră de credință, Dumnezeu consideră eforturile noastre drept fapte de credință. Pe astfel de copii Dumnezeu îi protejează și îi binecuvântează prin faptul că îi ferește de încercări.

Apoi, ce înseamnă „te voi păzi și Eu de ceasul încercării?" Dumnezeu răsplătește oamenii în conformitate cu faptele lor. În măsura în care copiii Lui trăiesc în Cuvânt și în lumină, Dumnezeu îi protejează de autoritatea întunericului.

De exemplu, atâta timp cât ei țin ziua sfântă de Sabat și își dau toate zeciuielile, Dumnezeu le poate oferi protecție în domeniile de bază. Chiar dacă fac un accident din propria greșeală, Dumnezeu îi protejează astfel încât să nu se rănească. Și cum va fi dacă ei vor păzi Cuvântul cu răbdare și vor trăi în adevăr? Bineînțeles că Dumnezeu îi va proteja în fiecare domeniu.

Motive pentru care trecem prin necazuri și încercări

Unii creștini par să ducă o viață bună de creștin, însă au felurite necazuri și încercări. Atunci alții afirmă despre ei lucruri de genul „Poate că au păcătuit înaintea lui Dumnezeu," sau „Lucrează doar să fie văzuți de alții." Ei încep să bârfească, să măsoare, să judece și să condamne.

Bineînțeles, când copiii lui Dumnezeu păzesc Cuvântul Lui și trăiesc în adevăr, Dumnezeu îi protejează pentru a putea fi feriți de necazuri și încercări. Chiar și atunci când copiii lui Dumnezeu trec prin încercări, Dumnezeu lucrează totul spre binele lor (Romani 8:28). Deci dacă nu suntem protejați de Dumnezeu și trecem prin necazuri și încercări, trebuie să ne uităm în urmă și să cercetăm dacă am trăit cum se cuvine înaintea lui Dumnezeu.

Cu toate acestea, se poate să trecem uneori prin necazuri chiar și atunci când ne trăim viața de creștin în mod corect. În acest caz, este vorba de un necaz pe care Dumnezeu îl permite pentru a ne putea da o binecuvântare. Așadar, când vedem o persoană că trece prin încercări, nu ar trebui să o judecăm prin ce se vede la exterior, crezând că discernem adevărul.

De exemplu, când Iosif a fost vândut ca rob într-o țară străină și când a fost întemnițat pe nedrept, părea că trece prin încercări omenești. Dar Dumnezeu a permis toate aceste lucruri în planul Lui pentru că voia să-l facă pe Iosif un conducător și voia să stabilească temeliile Israelului. Deci, aceste încercări au dus nu doar la binecuvântări personale pentru Iosif, ci au și adus multă slavă lui Dumnezeu.

La fel se întâmplă când creștinii credincioși sunt prigoniți sau chiar martirizați. Nu înseamnă că nu au fost protejați de Dumnezeu ci mai degrabă că au biruit încercările.

După cum este scris în Romani 8:18, care spune „Eu socotesc că suferințele din vremea de acum nu sunt vrednice să fie puse alături cu slava viitoare, care are să fie descoperită față de noi," ei vor putea primi slava cu care nicio suferință trecătoare de pe pământ nu se poate compara.

Acest „ceas al încercării" se referă mai exact la cei șapte ani ai Necazului cel Mare. Prin urmare, acum că trăim aceste zile de pe urmă, trebuie să fim treji și să ducem o viață de credință cu luare-aminte, pentru a nu cădea în ceasul încercării.

În zilele de pe urmă, dacă doar mergem la biserică dar nu practicăm Cuvântul lui Dumnezeu și dacă ne împrietenim cu lumea, atunci nu vom fi ridicați în văzduh la revenirea Domnului nostru. În schimb, vom ajunge în cei șapte ani ai Necazului cel Mare. Dar, dacă păzim Cuvântul cu răbdare, nu doar că vom scăpa de ceasul încercării, ci vom și intra în cei șapte ani ai Ospățului Nunții Mielului ce va avea loc în văzduh, alături de Domnul.

Când Domnul va reveni pe nori, cei adormiți în Domnul vor fi primii care vor învia. Apoi, cei vii care L-au primit pe Domnul vor primi trupul înviat și vor fi răpiți în nori. Împreună vor sărbători cei șapte ani ai Nunții Mielului în văzduh.

În acea perioadă, Duhul Sfânt va fi luat de pe pământ. Lumea va intra în Necazul cel Mare de șapte ani. Puterea întunericului va deține controlul complet asupra lumii. Va apărea Antihristul.

Oamenii lui îi vor găsi pe cei care vor încerca să-și păstreze credința în Isus Christos și vor încerca să-i facă să se lepede de Domnul folosind torturi crâncene.

Pentru a scăpa de acest ceas al Necazului cel Mare de șapte ani, trebuie să fim treji, să ne rugăm și să ne îmbrăcăm ca și mirese ale Domnului. Mai precis, trebuie să ne lepădăm de orice formă de rău pentru a ajunge să avem inima Domnului.

Promisiunea Domnului pentru biserica din Filadelfia

Eu vin curând. Păstrează ce ai, ca nimeni să nu-ți ia cununa. Pe cel ce va birui îl voi face un stâlp în Templul Dumnezeului Meu, și nu va mai ieși afară din el. Voi scrie pe el Numele Dumnezeului Meu și numele cetății Dumnezeului Meu, Noul Ierusalim, care are să se coboare din cer de la Dumnezeul Meu, și Numele Meu cel nou. Cine are urechi să asculte ce zice bisericilor Duhul (Apocalipsa 3:11-13).

Cei din biserica din Filadelfia au păzit cuvântul cu răbdare încă de când puterea lor era mică, astfel că Domnul le-a deschis poarta binecuvântărilor și le-a arătat dragostea Lui. Mai mult decât atât, El le-a spus că va veni curând și le-a mai spus cum vor trebui ei să se poarte (versetul 11).

Acum, promisiunea Domnului „Eu vin curând!" nu a fost valabilă doar acum 2.000 de ani, ci este valabilă şi azi, în acelaşi fel. Unii poate zic: „El a spus că va veni curând, dar de ce tot întârzie?" Însă, de fapt, El nu întârzie. Până în acest moment, Cuvântul Lui s-a împlinit fără încetare. Majoritatea oamenilor trăiesc numai şaptezeci sau optzeci de ani, dacă au sănătate, iar apoi se întâlnesc cu Domnul care a spus „Eu vin curând."

Deci nu ar trebui să credem că venirea Domnului întârzie (2 Petru 3:9-10), ci să ne pregătim pe noi înşine suficient de bine încât să-L putem întâmpina pe Domnul în orice moment.

Care sunt, atunci, sfaturile şi binecuvântările Domnului pentru biserica din Filadelfia?

Domnul vrea să păstrăm cu tărie ce avem

Mai întâi, Domnul a spus bisericii din Filadelfia: „Păstrează ce ai, ca nimeni să nu-ţi ia cununa" (versetul 11). Domnul nostru i-a spus cândva bisericii din Tiatira: „Numai ţineţi cu tărie ce aveţi, până voi veni" (Apocalipsa 2:25). Aceasta însemna că cei din biserica Tiatira trebuiau să-şi păstreze credinţa pe care o aveau, pentru a nu-şi pierde şansa la mântuire.

Însă, când Domnul a spus bisericii din Filadelfia: „Păstrează ce ai," nu era doar o chestiune de mântuire.

Încă de când aveau puțină putere și credință mică, membrii bisericii din Filadelfia au păzit Cuvântul lui Dumnezeu. Deci, de-aici se înțelege că ei ar trebui să-și îndeplinească îndatoririle primite de la Dumnezeu așa cum se cuvine, pentru a putea primi cununile și răsplățile pe care Dumnezeu a promis că le va da în Cer. Prin urmare, Domnul nostru îi avertizează să nu piardă cununile devenind corupți pe la jumătatea drumului.

Bineînțeles, odată ajunși în Cer, cununile deja primite nu ne vor fi luate niciodată. Dar atâta timp cât suntem pe acest pământ, dacă renunțăm sau devenim corupți pe cale, atunci cununile ce-ar fi trebuit să le primim în Cer ne vor fi luate.

Dacă avem credință cu adevărat și avem nădejde pentru Cer, nu trebuie să neglijăm îndatoririle date de Dumnezeu sau să renunțăm la ele, ca să nu pierdem cununile promise. Mai mult, să nu avem o minte arogantă când ne îndeplinim îndatoririle și să nu credem că „Asta nu se poate face fără mine." Sfeșnicul poate fi îndepărtat. Ar trebui să menținem o atitudine smerită, să rămânem la dragostea dintâi și la râvna de la început.

Dumnezeu nu încetează niciodată să-Și înfăptuiască lucrările. Prin urmare, dacă nu ne îndeplinim îndatoririle în orice circumstanțe, Dumnezeu Își va înfăptui lucrările printr-o altă persoană pe care El deja a pregătit-o.

Dumnezeu nu ne ia imediat îndatoririle doar pentru că le-am neglijat o dată sau de două ori. El ne dă negreșit și în repetate rânduri multe șanse de a ne reveni. Dar dacă noi rămânem la fel, în ciuda acestor multe șanse, Dumnezeu ne va înlocui cu altă persoană care va înainta Împărăția lui Dumnezeu.

Noi am continuat să ne lepădăm cu atenție de păcate și să mergem înainte având nădejde pentru Cer. Așadar, n-ar trebui niciodată să pierdem toate răsplățile pe care le-am strâns în Cer din cauză că privim înapoi la lume.

Să presupunem că am fost credincioși în viața noastră de creștin iar în Cer vom avea un locaș bun. Însă, dacă înfăptuim păcatele care duc la moarte, chiar dacă ne pocăim și ne întoarcem de la ele, va trebui s-o luăm de la zero din Rai, locașul cel mai de jos.

Dar dacă ne întoarcem cu adevărat și primim har de la Dumnezeu în efortul nostru, ne putem recăpăta statutul de dinainte. În funcție de efortul depus, ne putem aștepta și la locuințele bune în Cer.

Binecuvântarea de a deveni stâlpi în Templul lui Dumnezeu

Atunci când cei din biserica din Filadelfia au continuat să facă ce făceau cu credincioşie şi au biruit în cele din urmă, Domnul le-a dat o promisiune că îi va face un stâlp în templul Dumnezeului Său (versetul 12).

„Templul Dumnezeului Meu" se referă aici la locul în care este aşezat tronul lui Dumnezeu. Acesta este Noul Ierusalim. A deveni un stâlp în Noul Ierusalim înseamnă a deveni o figură importantă în Noul Ierusalim. Aceasta este o binecuvântare extrem de mare.

Dar această binecuvântare nu este dată oricui, ci doar celor care biruiesc. Membrii bisericii din Filadelfia au avut o credinţă mică, însă au păzit Cuvântul lui Dumnezeu şi n-au tăgăduit niciodată Numele Domnului. În felul acesta, pe măsură ce credinţa lor a crescut, au pus tot mai mult în practică adevărurile în mod statornic, ajungând la sfinţirea deplină. Astfel şi-au îndeplinit cu credincioşie îndatoririle primite de la Dumnezeu.

Aceasta este viaţa celui care biruieşte. Mai mult, el, cel căruia Domnul îi socoteşte credinţa ca fiind desăvârşită, va deveni un stâlp în Noul Ierusalim. Însă, deşi Dumnezeu ne-a oferit promisiunea binecuvântărilor, dacă nu ne ținem strâns de promisiunea Lui și dacă nu ne păzim inimile, promisiunile binecuvântărilor ne vor fi luate.

Când ne îndeplinim îndatoririle cu statornicie și biruim până când cuvântul dat devine real, atunci putem primi cununile și răsplățile promise, precum și binecuvântarea de a deveni stâlpi în Noul Ierusalim.

Deoarece Dumnezeu nu se schimbă niciodată, El nu retrage niciodată aceste binecuvântări. Deoarece aceste binecuvântări nu pot fi retrase niciodată, Domnul zice: „Și nu va mai ieși afară din el".

Domnul a mai continuat să spună: „Voi scrie pe el Numele Dumnezeului Meu și numele cetății Dumnezeului Meu, Noul Ierusalim, care are să se coboare din cer de la Dumnezeul Meu, și Numele Meu cel nou" (versetul 12). Aceasta înseamnă că Dumnezeu Își confirmă promisiunea și o garantează sigilând-o pe deplin în Numele lui Dumnezeu, numele Noului Ierusalim și noul nume al Domnului nostru.

Noul nume al Domnului nostru este „Rege al regilor și Domn al domnilor." Este numele slăvit dat Domnului Isus care Și-a îndeplinit planul de a mântui omenirea prin faptul că ne-a răscumpărat de păcate și care apoi a înviat și S-a înălțat la Cer (Filipeni 2:9-11).

Cerințele pentru a intra în Noul Ierusalim

Ierusalimul a fost capitala lui Israel. A fost locul de reședință al împăraților lui Israel. Toate jertfele aduse lui Dumnezeu aveau loc în Templul Sfânt al lui Dumnezeu din orașul Ierusalim. Cu toate acestea, Noul Ierusalim nu este ca Ierusalimul de pe acest pământ, care până la urmă va pieri. Cetatea Sfântă, Noul Ierusalim, este Ierusalimul etern și nepieritor în care locuiește Însuși Dumnezeu Cel sfânt (Apocalipsa 21:1-2).

Numai cei care sunt pe deplin sfințiți și credincioși pe acest pământ vor putea intra în Noul Ierusalim. Acolo, Dumnezeu le va oferi o slavă eternă. De aceea este numit „Cetatea slavei." Speranța aceasta promisă nu se aplică doar bisericii din Filadelfia, ci tuturor bisericilor și credincioșilor care se poartă ca biserica din Filadelfia și ca membrii acesteia.

Însă nu putem intra acolo dacă nu suntem pe deplin credincioși, cu o măsură întreagă de credință. Trebuie să ajungem la o sfințire deplină, fără nicio formă de rău și trebuie să fim credincioși în toată casa lui Dumnezeu. Nu putem intra acolo decât dacă avem cel mai înalt nivel de credință. Credința noastră nu poate ajunge la acest nivel într-o singură zi. Și nici nu putem atinge acest nivel de credință prin propriile puteri.

În Biblie, părinții credinței care au fost considerați vrednici de a intra în Noul Ierusalim au trecut prin încercări crunte în care au fost purificați și au ieșit aur curat, după planul lui Dumnezeu. Ei și-au îndeplinit îndatoririle pe care oamenii obișnuiți nu le-ar fi putut face, chiar cu prețul vieții. Numai apoi s-au calificat să intre în Noul Ierusalim.

Așadar, haideți să păzim Cuvântul cu răbdare și fără schimbare, chiar dacă avem puțină credință. Haideți nu doar să primim dovada că Dumnezeu ne iubește, ajungând la sfințire deplină și fiind întru totul credincioși, ci să primim și binecuvântarea de a deveni un stâlp în Noul Ierusalim.

CAPITOLUL 7

BISERICA DIN LAODICEA :
- O biserică mare care nu era nici rece, nici în clocot

Biserica din Laodicea s-a bucurat de o viață abundentă din punct de vedere financiar, însă oamenii erau într-o stare deplorabilă. Spiritual treceau prin încercări, erau orbi și dezgoliți. Domnul i-a mustrat pentru că nu erau nici reci, nici în clocot și le-a spus să fie plini de râvnă și să se pocăiască.

Acest cuvânt este și pentru bisericile din zilele de azi care nu încearcă să fie mai pline de râvnă sau să schimbe pentru că cred că „Suntem bogate, nu ne lipsește nimic".

Apocalipsa 3:14-22

Îngerului Bisericii din Laodiceea scrie-i: Iată ce zice Cel ce este Amin, Martorul credincios și adevărat, Începutul zidirii lui Dumnezeu: „Știu faptele tale: că nu ești nici rece, nici în clocot. O, dacă ai fi rece sau în clocot! Dar, fiindcă ești căldicel, nici rece, nici în clocot, am să te vărs din gura Mea. Pentru că zici: «Sunt bogat, m-am îmbogățit, și nu duc lipsă de nimic», și nu știi că ești ticălos, nenorocit, sărac, orb și gol, te sfătuiesc să cumperi de la Mine aur curățat prin foc, ca să te îmbogățești; și haine albe, ca să te îmbraci cu ele și să nu ți se vadă rușinea goliciunii tale; și doctorie pentru ochi, ca să-ți ungi ochii și să vezi. Eu mustru și pedepsesc pe toți aceia pe care-i iubesc. Fii plin de râvnă, dar, și pocăiește-te! Iată Eu stau la ușă și bat. Dacă aude cineva glasul Meu și deschide ușa, voi intra la el, voi cina cu el, și el cu Mine. Celui ce va birui îi voi da să șadă cu Mine pe scaunul Meu de domnie, după cum și Eu am biruit și am șezut cu Tatăl Meu pe scaunul Lui de domnie. Cine are urechi să asculte ce zice bisericilor Duhul."

Scrisoarea Domnului către biserica din Laodicea

Îngerului Bisericii din Laodiceea scrie-i: Iată ce zice Cel ce este Amin, Martorul credincios și adevărat, Începutul zidirii lui Dumnezeu (Apocalipsa 3:14).

În Laodicea, Evanghelia a fost predicată printr-un tovarăș al apostolului Pavel, prin Epafrodit. Apostolul Pavel era și el interesat în Laodicea (Coloseni 4:15-16). Biserica din Laodicea a fost înființată în condiții favorabile. Trăiau într-un mediu propice, dar în loc să aibă creștere spirituală, au stagnat datorită ispitei banilor și a confortului de care se bucurau. Domnul a trebuit să îi mustre pentru că erau căldicei.

Această biserică a primit doar mustrare și nicio laudă de la Domnul. Biserica din Sardes a primit și ea mustrare, însă a avut niște oameni care nu și-au mânjit hainele. Însă, biserica din Laodicea a primit doar mustrare.

Cel ce este Amin, Martorul credincios și adevărat

Biblia se referă la Domnul, care scrie îngerului bisericii din Laodicea ca „Cel ce este Amin, Martorul credincios și adevărat, Începutul zidirii lui Dumnezeu" (versetul 14). Domnul a răspuns doar cu „Da" și „Amin" înaintea lui Dumnezeu Tatăl. Nu a răspuns prin neascultare, cu „Nu". Isus avea chipul lui Dumnezeu, dar nu a considerat aceasta ca un lucru de apucat. A venit mai degrabă pe pământ luând chip de om.

Fiul lui Dumnezeu plin de glorie, deși a fost disprețuit, respins și răstignit de creaturile Sale, a răspuns doar cu „Da" (Filipeni 2: 6-8). De aceea, în 2 Corinteni 1:19 citim: „Căci Fiul lui Dumnezeu, Isus Hristos, care a fost propovăduit de noi în mijlocul vostru, prin mine, prin Silvan și prin Timotei, n-a fost «da» și «nu», ci în El nu este decât «da»".

Noi, în calitate de copii ai lui Dumnezeu, trebuie să putem răspundem doar cu „Da" și cu „Amin" înaintea lui Dumnezeu. Trebuie să ne considerăm ideile, teoriile sau ce gândim ca nesemnificativ și să ascultăm Cuvântul lui Dumnezeu. Mulți credincioși nu cred cu adevărat și nu ascultă Cuvântul când acesta nu se conformează cu ce gândesc ei.

Uneori par să nu asculte Cuvântul la început, dar pe măsură ce dau de greutăți încep să aibă un mod de gândire firesc. Aceasta este motivul pentru care nu pot experimenta lucrările lui Dumnezeu și nu pot să Îi dea slavă.

În 2 Corinteni 1:20 găsim scris „În adevăr, făgăduințele lui Dumnezeu, oricâte ar fi ele, toate în El sunt «da»; de aceea și «Amin», pe care-l spunem noi, prin El, este spre slava lui Dumnezeu". După cum a spus Domnul, când ascultăm cu „Da" și „Amin", Dumnezeu ne va răsplăti ascultarea. În acest fel vom putea trăi o viață prin care să aducem slavă lui Dumnezeu.

Apoi vedem că Domnul este martorul credincios și adevărat. Omul credincios nu își impune propriile idei și nu își caută foloasele proprii. Răspunde doar cu „Da" și „Amin". De exemplu, când un împărat dă o poruncă, un slujitor credincios ascultă chiar dacă va trebui să plătească cu prețul vieții.

Din moment ce Domnul Isus a fost credincios, El a ascultat doar cu „Amin" până la moarte, iar în final a împlinit toate profețiile cu privire la Mesia care fuseseră date în Vechiul Testament. Prin urmare, pe măsură ce Domnul a împlinit cu credincioșie Cuvântul lui Dumnezeu, El a devenit martorul adevărat la faptul că promisiunea lui Dumnezeu s-a împlinit pe deplin.

Domnul este Cel întâi născut din toată zidirea

Domnul este Cel întâi născut din toată zidirea, după cum vedem în Coloseni 1:15-17: „El este chipul Dumnezeului celui nevăzut, Cel întâi născut din toată zidirea. Pentru că prin El au fost făcute toate lucrurile care sunt în ceruri și pe pământ, cele văzute și cele nevăzute: fie scaune de domnii, fie dregătorii, fie domnii, fie stăpâniri. Toate au fost făcute prin El și pentru El. El este mai înainte de toate lucrurile, și toate se țin prin El". La început, întregul univers și toate lucrurile au fost create prin Cuvântul lui Dumnezeu. În Evanghelia lui Ioan 1:1 citim: „La început era Cuvântul, și Cuvântul era cu Dumnezeu, și Cuvântul era Dumnezeu". Domnul a fost de la început cu Dumnezeu, iar Cuvântul care S-a făcut trup și a venit pe pământ a fost Isus. Prin urmare, Domnul este întâiul născut din toată zidirea.

Atunci de ce se prezintă Domnul bisericii din Laodicea spunând că El este „Amin, Martorul credincios și adevărat, Începutul zidirii lui Dumnezeu"? O face pentru a confirma că tot Cuvântul lui Dumnezeu se va împlini, iar judecata lui Dumnezeu este dreaptă și adevărată.

Domnul - Cel care este începutul zidirii și care a împlinit Cuvântul lui Dumnezeu pe deplin cu „Da" și „Amin"- vrea să ne reamintească că și cuvântul dat bisericii din Laodicea se va împlini.

Cazuri din zilele de azi care se aseamănă cu cel al bisericii din Laodicea

Când o biserică se roagă cu râvnă și se implică cu credincioșie în lucrarea pentru Împărăția lui Dumnezeu, El le aduce trezire și binecuvântări financiare. Mai mult, dă fiecărui membru binecuvântările pe care le merită. Sunt biserici în zilele noastre care folosesc greșit binecuvântările lui Dumnezeu pentru că le folosesc pentru a face compromisuri cu lumea.

Pe măsură ce biserica se lărgește, membrii încep să se îmbogățească să aibă faimă și autoritate socială. Dacă neglijează lucrările lui Dumnezeu și caută renumele și bogățiile mai mult înseamnă că nu sunt onești, trăiesc și se joacă cu Dumnezeu și lumea. În loc să se gândească cum să mântuiască mai multe suflete și să lărgească Împărăția lui Dumnezeu, ei fac compromisuri cu lumea. Deoarece se complac mai mult cu lumea, se asociază mai mult cu cei care au bogății, faimă și autoritate.

Desigur, aceasta nu înseamnă că trebuie să evităm sau să îi excludem pe cei care au bogății, faimă și autoritate în lume, ci să-i primim cu dragostea lui Dumnezeu, să avem părtășie și să sădim credință în ei pentru a-I aduce slavă lui Dumnezeu. În acest fel este un lucru bun.

Însă, fără un interes real pentru acest lucru și doar având o dorință pentru mai multă bogăție, faimă și autoritate, unele biserici fac compromisuri cu lumea. Domnul mustră aceste biserici spunând că sunt căldicele.

Mustrarea Domnului pentru biserica din Laodicea

Știu faptele tale: că nu ești nici rece, nici în clocot. O, dacă ai fi rece sau în clocot! Dar, fiindcă ești căldicel, nici rece, nici în clocot, am să te vărs din gura Mea. Pentru că zici: „Sunt bogat, m-am îmbogățit, și nu duc lipsă de nimic", și nu știi că ești ticălos, nenorocit, sărac, orb și gol (Apocalipsa 3:15-17).

La vremea aceea, lâna se găsea din belșug în Laodicea. Oamenii erau atât de bogați încât aveau bănci comerciale încă de la începuturi. Chiar și după cutremurul din anul 17 Î.Hr., spre deosebire de alte orașe, ei s-au redresat fără ajutor de la guvernul Imperiului Roman.

Biserica din Laodicea s-a dezvoltat în bogăție și a fost mustrată de Domnul pentru că nu era nici rece, nici în clocot, ci căldicică. Domnul le-a spus oamenilor să fie ori reci, ori în clocot altfel Îi va vărsa din gura Lui.

Credință căldicică, nici rece, nici în clocot

Când încălzim apa la foc, devine fierbinte, dar când nu o mai încălzim, începe să se răcească, ajunge să fie doar călduță, iar apoi devine rece. Ce înseamnă a fi rece, în clocot și căldicel în credință? A fi rece în duhul înseamnă a nu avea lucrări ale Duhului Sfânt în inimă; adică a nu avea nicio legătură cu mântuirea.

Uneori, printre cei care merg la biserică, sunt unii care nu au primit Duhul Sfânt, prin urmare, ei nu știu ce este credința adevărată și nu înțeleg ce este mântuirea. De asemenea, printre creștinii care au primit odată Duhul Sfânt sunt unii care nu au renunțat la dorințele lumești. Ca rezultat, ei sting Duhul pentru că se întorc la lume. Domnul spune că astfel de oameni care s-au îndepărtat de mântuire sunt reci.

Pe de altă parte, „a fi în clocot", arată că credința celor care au primit Duhul Sfânt crește și primesc tărie spirituală în fiecare zi. Când deschidem ușa inimii și primim pe Duhul Sfânt, putem înțelege Cuvântul lui Dumnezeu cu ajutorul Duhului Sfânt. Pe măsură ce ajungem să cunoaștem mai mult despre Dumnezeu și încercăm să urmăm adevărul puțin câte puțin, suntem umpluți de Duhul Sfânt și primim har și putere de la Dumnezeu; astfel încetul cu încetul căutăm călăuzirea Duhului în fiecare situație.

Din moment ce ne luptăm împotriva păcatului până la sânge prin Cuvântul lui Dumnezeu, firea moare, dar duhul crește și vedem că ne sacrificăm pe noi înșine pentru Împărăția lui Dumnezeu. De asemenea, după cum spune Domnul în Marcu 12:30, vom putea să-L iubim pe Dumnezeu cu toată inima, mintea și puterea. Aceasta este credința în clocot.

Credința fie că este în clocot, fie rece, nu indică nivelul de credință. Nu se poate spune că credincioșii mireni au o credință rece, nici că oamenii care merg la biserică de mulți ani, sau au o funcție importantă în biserică, au o credință în clocot.

Chiar dacă cineva are un pic de credință și nu urmează adevărul pe deplin, atât timp cât încearcă cu sinceritate să facă voia lui Dumnezeu după măsura lui de credință, se poate spune că acel om are o credință în clocot.

Desigur, când are doar o măsură mică de credință, din când în când se gîndește la lucruri lumești și face lucrările firii pământești. În special, cei care nu s-au lepădat complet de mânie nu se pot controla. În acest caz, un lucru firesc devine o lucrare a firii pământești când ajung să se mânie și să se certe.

Chiar și în acest caz, dacă omul respectiv se pocăiește imediat, se lasă de acest lucru și continuă să se schimbe, atunci credința lui nu va fi considerată rece. Cu alte cuvinte, dacă el continuă să se cerceteze, să postească și face eforturi să asculte de Cuvânt, Dumnezeu va considera că acest om are o credință în clocot.

Pe de altă parte, dacă cineva nu se schimbă, deși este creștin de mult timp, sau când cineva merge pe o cale greșită, deși știe voia lui Dumnezeu, acel om are o credință rece. Problema este că nu începe să aibă o credință rece dintr-o dată. Credința lui se răcește treptat fără să-și dea seama, devine căldicică, iar apoi rece.

Credința căldicică se vede atunci când omul stagnează, fără să ajungă în clocot, chiar dacă știe că Dumnezeu este viu și că Cerul și iadul există. Cu acest fel de credință căldicică, chiar dacă omul respectiv merge la biserică și crede că are credință, totuși nu comunică cu Duhul Sfânt. Prin urmare, vocea Duhului Sfânt nu poate fi auzită. Nu poate fi călăuzit de Duhul Sfânt și nu se poate regăsi pe sine însuși chiar dacă ascultă Cuvântul lui Dumnezeu.

El merge la biserică doar pentru că știe că va merge în iad dacă are o credință rece. Însă, nu se sacrifică pentru Domnul, nu încearcă să dea mai mult pentru Domnul, de aceea credința lui nu va ajunge să fie în clocot. Pe lângă aceasta, din moment ce nu își taie împrejur inima, în viața lui nu apare vreo schimbare. Pe din afară poate părea credincios dar, dacă nu și-a tăiat inima împrejur, chiar dacă a fost creștin vreme îndelungată, nu s-a schimbat nici de un an, de cinci și nici chiar de zece. Nu este diferit de oamenii lumești.

Dacă devine confortabil cu o credință căldicică și nu se schimbă, cu timpul va ajunge să aibă o credință rece. La fel ca în exemplul cu apa, dacă este căldută și nu mai este încălzită ajunge să fie rece. Prin urmare, când oamenii au o credință căldută timp îndelungat, nu mai au de a face cu calea mântuirii și ajung pe calea morții. De aceea, Domnul spune „Te voi scuipa din gura Mea".

Mustrarea Domnului pentru cei cu credința căldicică

Credincioșii nu trebuie să stingă niciodată Duhul prin faptul că lasă ca credința lor să devină rece. Această credință rece determină ruperea relației cu Dumnezeu și face ca să nu fie posibil să primească mântuirea. Însă, aceasta nu înseamnă că trebuie să avem o credință căldicică. Când Domnul îi atenționează despre credința căldicică, de ce spune bisericii: „O, dacă ai fi rece sau în clocot!" și nu „Dacă ai fi în clocot"? O face pentru că dorește să ne dăm seama cât de mult trebuie să ne ferim de credința căldicică.

Haideți să spunem că credința noastră devine rece. Atunci, putem avea șansa să ne pocăim și să ne întoarcem la credință în clocot prin disciplina primită. De exemplu, dacă păcătuim și Dumnezeu Își întoarce fața de la noi, ne putem îmbolnăvi, sau putem avea parte de accidente sau chiar de dezastre. Prin acest fel de disciplină, avem șansa să ne pocăim cu o inimă plină de remușcări și să ne întoarcem la credință. Însă, dacă avem o credință călduță nu este ușor să avem o astfel de șansă.

Aceasta nu înseamnă că este bine să avem credință rece. De fapt, când suntem disciplinați în perioada în care credința noastră este rece, nu este ușor să ne pocăim și să ne schimbăm pentru că ne e teamă și ne simțim descurajați, în loc să simțim dragostea lui Dumnezeu. Mai mult, ce greu și dureros este să ne pocăim după ce am trecut prin tragedii sau dezastre! Chiar dacă am fost iertați de Dumnezeu, nu este ușor să reînnodăm relația cu El, odată ce a fost ruptă.

Credința căldicică reprezintă un caz grav de stagnare spirituală

Dacă privim lucrurile din altă perspectivă, credința căldicică poate fi considerată stagnare spirituală gravă. Se referă în special la cei care sunt la al treilea nivel de credință, care trebuie să se cerceteze cu mai multă atenție. Primul nivel al credinței este nivelul la care se află cei care L au primit pe Domnul și au credință să primească mântuire. Cei care sunt la al doilea nivel al credinței ascultă Cuvântul lui Dumnezeu și încearcă să trăiască prin El. Cel de-al treilea nivel este, în mare măsură, pentru cei care sunt maturi în credință. La acest nivel credincioșii pot pune în aplicare Cuvântul lui Dumnezeu pe care Îl aud.

Odată ce primim Duhul Sfânt și trăim o viață de credință cu dăruire, este destul de ușor să ajungem la nivelul al treilea. Mai mult, dacă mergem la o biserică care are întâlniri în care Duhul Sfânt este prezent și rugăciuni prin Cuvântul adevărului, credința noastră poate crește repede în scurt timp.

Cu toate acestea, odată ce ajungem la nivelul al treilea de

credință trebuie să ne concentrăm mai mult pe ce se întâmplă în inima noastră decât pe faptele care se văd la exterior. Prin urmare, trebuie să depunem eforturi mai mari cu toată inima, mintea și tăria noastră. Când participăm la un serviciu de închinare, trebuie să ne închinăm în duh și în adevăr cu mai multă implicare în inima și mintea noastră. De asemenea, trebuie să ne rugăm cu mai multă dăruire, din adâncul inimii, pentru a produce o mireasmă plăcută din inimă.

Când ne împlinim îndatoririle, nivelul credincioșiei la care am ajuns după ce ne-am maturizat într-o oarecare măsură, trebuie să crească comparativ cu cel la care am fost când am devenit creștini. Cu alte cuvinte, chiar dacă facem aceeași lucrare, cu cât credința noastră este mai mare, cu atât o facem cu mai multă dragoste și bunătate.

Așteptările părinților pentru copiii lor sunt diferite când copiii sunt mai mici față de când sunt deja adulți.
Dacă ar fi să exemplificăm cu parfumurile vedem că prețul diferă în funcție de concentrație. O cantitate mică de esență de parfum original este foarte scumpă. Însă, când aceasta este diluată, deși volumul crește prețul va scădea.

Tot astfel, faptele pe care le facem înaintea lui Dumnezeu Tatăl pot părea la fel chiar dacă avem credință mai mare, însă sunt făcute cu mai multă dragoste și bunătate spirituală.

Exemple de stagnare în credință

Teoretic putem înțelege aceste lucruri foarte bine, dar nu este ușor să le punem în aplicare în viața de zi cu zi. Din moment ce faptele noastre care se văd la exterior par să fie la fel ca și cele dinainte, poate nu ne dăm seama că trebuie să facem lucrurile pentru Dumnezeu din ce în ce mai mult din inimă, ceea ce nu se vede la exterior. Altfel, chiar dacă am avut o viață dedicată de creștin, prin harul lui Dumnezeu, putem pierde din plinătatea Duhului și s-ar putea să ajungem să ducem o viață de credință doar din obișnuință.

Putem să lipsim de la câteva din serviciile sau întâlnirile de rugăciune o dată sau de două ori, deși le frecventam cu regularitate. Ori continuăm să participăm, însă închinarea o facem doar din obișnuință. Nu mai suntem plini de bucurie și de inspirație de la Duhul Sfânt, doar suntem prezenți fizic.

Obișnuiam să aducem darurile înaintea lui Dumnezeu cu bucurie, dar acum ni se pare că trebuie să o facem din obligație. Uneori ni se pare dificil sau chiar o povară. Când nu mai avem plinătatea Duhului Sfânt, inima noastră ajunge să fie goală sau împovărată. În cele din urmă ne întoarcem din nou în lume și încercăm să ne mângâiem și să ne umplem inima cu lucruri lumești. La cea mai mică alunecare, ajungem să facem lucrările firii și ridicăm un zid înalt de păcat înaintea lui Dumnezeu.

Dacă ne îndepărtăm atât de mult, nu este ușor să revenim la zelul inițial chiar dacă ne dăm seama de starea noastră. Din moment ce nu mai avem harul lui Dumnezeu în inimă, nici nu putem concepe ideea de a avea o credință în clocot. Nu vrem decât să rămânem confortabil în firea noastră. Apoi, ne pierdem nădejdea de a intra în Noul Ierusalim. Renunțăm la a intra în locul în care cei care s-au lepădat pe deplin de răul din inimă și au fost credincioși în toată casa lui Dumnezeu pot intra. Pe urmă, ne-am putea gândi: „Cel puțin pot intra în Prima Împărăție a Cerurilor" sau „Îmi ajunge dacă numai sunt mântuit".

Credința căldicică este atât de periculoasă din cauză că nu o putem menține astfel și, în final, credința noastră căldicică se va răci. Dacă lăsăm apa fierbinte undeva, ea va deveni călduță și, în scurt timp, se va răci. Un alt exemplu la care ne putem uita este barca aflată în mijlocul râului. Dacă nu vâslim suficient, ea va fi dusă de curent în aval.

Așa a fost situația cu Asa, împăratul lui Iuda, Împărăția de sud. Timp de treizeci și cinci de ani după ce s-a urcat pe tron, Asa a fost un împărat care s-a bazat pe Dumnezeu. Când mama lui s-a închinat idolilor, el i-a îndepărtat. Îngrijorat fiind de faptul că oamenii ar putea urma exemplul mamei lui, a îndepărtat-o de la tron.

Însă, în timpul ultimilor săi ani de domnie, credința lui a slăbit. Înainte, indiferent cât de puternici erau dușmanii lui, el s-a bazat pe Dumnezeu și i-a putut învinge. Mai târziu, când un dușman a atacat, Asa a început să se bazeze pe oameni. A cerut ajutor chiar de la un împărat dintre neamuri. Împăratul Asa a fost mustrat de Dumnezeu prin profetul Hanani, dar nu s-a pocăit și nu s-a schimbat. Mai degrabă, l-a închis și l-a pedepsit pe profet. Ca rezultat al acestui incident, împăratul Asa a fost pedepsit și picioarele lui au devenit bolnave.

Dacă și-ar fi păstrat credința și nădejdea în Dumnezeu care este un Dumnezeu al dragostei și compasiunii, și-ar fi dat seama că a fost pedepsit de Dumnezeu pentru că îl iubea. Și-ar fi putut da seama că Dumnezeu dorea să îi dea o șansă să se întoarcă. Însă, împăratul nu și-a putut păstra dragostea pentru Dumnezeu nici după ce a fost pedepsit de El. Mai degrabă a încercat să se ascundă de fața Lui. S-a bazat pe medicii din lume, iar în final a murit. Acest caz arată clar rezultatul și sfârșitul credinței căldicele.

Pericolul credinței căldicele

O zicală spune: „vaca bătrână nu mai ține minte că a fost odată vițea". Înseamnă că dacă cineva trece printr-o situație dificilă și este ajutat de alții, nu își mai amintește perioadele în care a avut dificultăți în viață. Uită și de ajutorul pe care l-a primit. Același lucru se aplică și în viața unui creștin. Haideți să presupunem că cineva a trecut printr-o situație dificilă, cu multe probleme, dar s a rugat cu stăruință și a primit harul și binecuvântările lui Dumnezeu. Însă, în loc să trăiască o viață de creștin dedicată, se îndepărtează de Dumnezeu și se împrietenește cu lumea.

Din acest motiv, Dumnezeu dorește ca mai întâi să ne dea

binecuvântarea de a-i merge bine sufletului nostru și mai apoi ne va da binecuvântări ca toate celelalte lucruri să ne meargă bine. Cei cu suflete prospere au o credință care nu se răcește și nu se schimbă.

Haideți să ne gândim la un om al cărui suflet nu prosperă. Dacă își demonstrează credința cât poate de bine și seamănă în rugăciune după nivelul de credință pe care îl are, potrivit legii dreptății a lui Dumnezeu el va recolta un rod bun.

Dumnezeu îl va binecuvânta ca să-i meargă bine sufletului și Dumnezeu îl va ajuta să culeagă ceea ce va semăna în credință în acel moment. Dacă toți ar primi o binecuvântare numai după ce sufletul lor devine prosper, atunci cine se și poate aștepta să primească răspuns și binecuvântare?

Ce are importanță este ce se întâmplă „DUPĂ" ce primim răspuns și binecuvântări. În funcție de cum își trăiesc viața de credință, răspunsul lor și binecuvântarea pot aduce roade pe deplin, sau, pe de altă parte, binecuvântarea se poate pierde complet.

Prin urmare, lucrul cu adevărat important este modul în care trăim după ce primim binecuvântări de la Dumnezeu. După ce am fost binecuvântați, dacă suntem satisfăcuți cu situația, ne răcim în credință și ne împrietenim cu lumea ca să putem câștiga mai multă avere și faimă, vom fi mustrați de Domnul.

Caracteristica cea mai importantă a credinței căldicele este că încearcă să facă o punte de legătură între Dumnezeu și lume. Cu alte cuvinte, persoana respectivă are un picior în lume iar celălalt picior pare, pe din afară, a fi ancorat în credință și astfel persoana respectivă își alege partea care îi oferă mai multe beneficii în funcție de timp și de situație.

De aceea, Domnul spune în Luca 16:13: „Nicio slugă nu poate sluji la doi stăpâni; căci sau va urî pe unul, și va iubi pe celălalt sau va ține numai la unul, și va nesocoti pe celălalt. Nu puteți sluji lui Dumnezeu și lui Mamona".

„Mamona" în acest verset nu se referă doar la lucrurile materiale din lume. Simbolizează lumea și lucrurile din lume. El spune că nu putem iubi în același timp și lumea cu lucrurile din lume și pe Dumnezeu (1 Ioan 2:15).

Unii oameni cred că este înțelept să nu se implice prea mult în viața de credință, dar nu este niciodată înțelept, dimpotrivă, este un lucru nechibzuit. Dumnezeu spune că va scuipa din gură pe astfel de oameni (Apocalipsa 3:16). Aceasta înseamnă că nu îi va recunoaște ca și copii ai lui Dumnezeu și nu vor fi mântuiți. Este o avertizare foarte serioasă.

Biserica din Laodicea era bogată din punct de vedere spiritual

Prima din fericiri spune: „Ferice de cei săraci în duh, căci a lor este Împărăția cerurilor" (Matei 5:3). Cei care sunt săraci în duh au inimi smerite. Ei trebuie să înseteze după Dumnezeu și să depindă de El.

Dar, cei bogați în duhul sunt plini de aroganță, mândrie, egoism și tot felul de dorințe. Ei nu Îl caută pe Dumnezeu, ci încearcă să își umple inima cu lucruri lumești.

Sunt oameni care își încep viața de credință săraci în duh dar, cu trecerea timpului, devin bogați în duh. Pe măsură ce atributele firești pe care le-au înăbușit ies la suprafață, inimile lor sunt îndemnate la lucruri lumești. Nu este de mirare că, după ce ajung să aibă bogății, faimă și autoritate, credința lor se transformă într-una firească.

Ei par să ducă o viață de credință dar, în realitate, nu tânjesc, nici nu însetează după adevăr. Treptat se roagă tot mai puțin, iar în final nu se mai roagă deloc. Nu mai fac nimic prin credință, ci aceasta devine doar o formalitate. Pun pe primul loc lucrarea lor și lucrările lumii, în locul lui Dumnezeu și al lucrărilor Lui. Ei spun: „Sunt bogat, nu duc lipsă de nimic".

Din punct de vedere spiritual sunt săraci, orbi și goi

Domnul spune: „nu știi că ești ticălos, nenorocit, sărac, orb și gol" (versetul 17). Dacă oamenii și ar vedea propriile neajunsuri, ar primi o șansă de a se întoarce și a se agăța de Dumnezeu. Însă, cei cu credință călduță au impresia că sunt bogați. Nu își pot vedea neajunsurile, prin urmare nu și le pot conștientiza.

Duhul Sfânt suspină, dar ei nu își dau seama. Prin urmare, nu încearcă să fie plini de zel, nici n-au dorință să se schimbe. Poate că nu duc nicio lipsă din punct de vedere fizic dar, dacă vor continua să meargă pe această cale, vor ajunge departe de mântuire. Din acest motiv sunt nenorociți. De asemenea, bogățiile de care se bucură pe pământ sunt doar de moment. Cei care își strâng bogății în Ceruri sunt cei cu adevărat bogați.

Cei cu credință căldicică nu sunt credincioși în ochii lui Dumnezeu. Ei nu seamănă înaintea lui Dumnezeu pentru că își doresc mult să aibă bani. Pe scurt, în Cer ei nu își vor fi adunat nimic. Prin urmare, chiar dacă se pocăiesc, sunt mântuiți ca prin foc și merg în Cer, totuși, nu primesc nicio răsplată. Din acest motiv, acești oameni sunt numiți săraci.

Cei care înțeleg Cuvântul din punct de vedere spiritual, vor avea nădejde deplină pentru viața veșnică. Astfel, ei se cercetează prin Cuvânt și ies din întuneric la lumină. Pentru a-și strânge o răsplată în Cer, ei vor deveni credincioși și vor semăna cu râvnă pentru Împărăția lui Dumnezeu.

Pe de altă parte, cei care au o credință căldicică nu cunosc lumea spirituală. În loc să aibă nădejde pentru viața care vine, ei văd doar realitatea lumii din jurul lor. De aceea se spune că sunt orbi din punct de vedere spiritual.

Cei care sunt orbi spritual nu pot vedea întunericul din ei și rămân în acesta (Matei 6:22-23). Prin urmare, nu pot să îmbrace haina neprihănirii care va fi de preț pentru copiii lui Dumnezeu. Despre ei se spune că sunt „goi". Haina reprezintă inima omului. „A purta haina neprihănirii" se referă la tăierea împrejur a inimii și la dobândirea unei inimi neprihănite.

Cu toate acestea, din moment ce aceia care au credință căldicică nu își taie inima împrejur, nici nu trăiesc după Cuvânt, inimile lor sunt încă pline de păcat și trăiesc în întuneric. Aceasta scoate în evidență rușinea goliciunii din punct de vedere spiritual.

Faptul că au îmbrăcăminte nespus de frumoasă pe din afară nu înseamnă că sunt oameni cu adevărat frumoși. Dacă oamenii nu își taie împrejur inimile ci păstrează răutate în inimă, indiferent cât de frumoase le sunt hainele pe care le poartă pe din afară, din punctul de vedere al lui Dumnezeu își arată rușinea goliciunii.

În Cer, unde nu este deloc întuneric, vom purta haine de in subțire, care reprezintă faptele neprihănite ale sfinților (Apocalipsa 19:8). Cerul este doar pentru cei care trăiesc după Cuvântul lui Dumnezeu, care se dezbracă de hainele firești, pătate de păcat, și se îmbracă cu hainele frumoase ale neprihănirii (Matei 22:10-14).

Prin urmare, pentru a intra în Cer ca mireasă frumoasă care Îl va primi pe Domnul, va trebui să ne împodobim frumus ca mireasă a Lui și să purtăm haine de in subțire. Pentru a face acest lucru este necesar să trăim o viață de credință care să nu aibă nimic a face cu credința căldicică. Să nu avem nimic în comun cu viața de ticălos, nenorocit, sărac, orb și gol.

Îndemnul Domnului pentru Biserica din Laodicea

Te sfătuiesc să cumperi de la Mine aur curățat prin foc, ca să te îmbogățești; și haine albe, ca să te îmbraci cu ele și să nu ți se vadă rușinea goliciunii tale; și doctorie pentru ochi, ca să-ți ungi ochii și să vezi. Eu mustru și pedepsesc pe toți aceia pe care-i iubesc. Fii plin de râvnă, dar, și pocăiește-te! (Apocalipsa 3:18-19)

Biserica din Laodicea nu-și cunoștea lipsurile. Ei credeau doar că sunt bogați. Domnul dorea ca ei să se pocăiască și să se întoarcă de la rău. Le spune pe îndelete că sunt săraci, orbi și goi din punct de vedere spiritual.

Domnul dorește să avem o credință ca aurul curat

Mai întâi, El spune: „Te sfătuiesc să cumperi de la Mine aur curățat prin foc, ca să te îmbogățești" (versetul 18). După cum oamenii din lume pun mare preț pe aur, Domnul compară credința cu „aurul curățat prin foc", deoarece credința este cel mai de preț lucru din viața creștină.

De aceea, „să cumperi de la Mine aur curățat prin foc, ca să te îmbogățești" înseamnă „să avem credință neschimbătoare precum aurul". Putem fi mântuiți și putem merge în Cer doar atunci când avem credință. Doar când avem credință putem primi răspunsuri la tot ceea ce cerem (Matei 9:29).

Nu trebuie să ne declarăm credința doar de pe buze. Credința noastră trebuie însoțită de fapte rezultate dintr-o trăire după Cuvântul lui Dumnezeu. O astfel de credință se numește credință spirituală. În Biblie, o astfel de credință este comparată cu aurul sau cu aurul curat.

Prin urmare, cei care au credință spirituală vor crede pe deplin Cuvântul lui Dumnezeu în orice situație și Îl vor pune în aplicare. Profetul Ilie, în 1 Împărați capitolul 18, a fost cel care a avut o astfel de credință spirituală. Ilie a fost profetul din vremea domniei împăratului Ahab din Împărăția de nord a Israelului.

Într-o zi, Dumnezeu i-a spus profetului Ilie că v-a trimite ploaie în țara lui Israel, unde fusese secetă timp de trei ani jumătate. Ilie a crezut Cuvântul Lui. S-a dus pe muntele Carmel, s-a proșternut pe pământ și s-a rugat cu stăruință până când fața i-a căzut între genunchi. S-a rugat de șapte ori, iar în final a primit răspunsul că va ploua.

Numărul „șapte" se referă la perfecțiune și finalitate. Faptul că a primit un răspuns a șaptea oară înseamnă că a crezut până la sfârșit, s-a rugat și a primit răspunsul. Chiar dacă nu ar fi primit răspuns după a șaptea rugăciune, Ilie s-ar fi rugat în continuare până ar fi primit răspuns.

Ar fi făcut astfel deoarece Ilie credea fără șovăială Cuvântul pe care Dumnezeu i l-a spus. A avea credință spirituală ca aurul curat înseamnă a continua să credem în Dumnezeu până la sfârșit.

Însă, acest tip de credință nu poate fi dată cu ușurință. După cum oamenii trebuie să purifice aurul prin foc până este curat, și credința trebuie purificată până ajunge să fie precum aurul curat.

Trebuie să ieșim biruitori din multe încercări și necazuri, să ne împotrivim până la sânge în lupta cu păcatul și să răbdăm cu stăruință pentru a trăi prin Cuvânt. Prin aceste procese de purificare, putem ajunge să avem credință ca aurul curat.

Ochii spirituali și sfințenia din inimă

Biserica din Laodicea era bogată în inimă, dar goală din punct de vedere spiritual. Domnul le a spus să-și cumpere haine albe ca să se acopere (versetul 18). Aici hainele albe reprezintă faptele neprihănite ale sfinților. Aceste fapte vin dintr-o inimă sfântă.

După cum spune Domnul în Matei 12:34 – „Căci din prisosul inimii vorbește gura" – ceea ce este în inima noastră se reflectă în vorbele și faptele noastre. Ipocriții care nu își sfințesc inima, dar joacă teatru sau arată pe din afară că sunt sfinți, nu se pot ascunde de Dumnezeu. El le cercetează inima. În final, răul din inimile lor va fi scos la iveală.

Prin urmare, a ne îmbrăca în haine albe înseamnă a ne lepăda de întunericul și de neadevărul din inimă și a cultiva inima într-o inimă albă, plină de adevăr. Numai când facem acest lucru vom putea să ne îmbrăcăm cu hainele neprihănirii ca să nu ni se scoată la iveală rușinea goliciunii.

Cu toate acestea, câți oameni din zilele de azi își arată rușinea goliciunii fără să își dea seama că sunt goi? Sunt unii oameni care n-au pic de rușine și fac lucruri mai rele decât ar face animalele.

Putem avea o inimă „neagră", pătată de păcat și totuși să nu conștientizăm întunericul din noi. Se poate să fi pierdut chipul lui Dumnezeu și să nu ne mai facem datoria de oameni. La acestea se referă de fapt goliciunea spirituală și rușinea.

Unii declară că au credință în Dumnezeu dar nu își dau seama că sunt goi din punct de vedere spiritual. Astfel de oameni sunt orbi spiritual, iar Domnul spune să ia „doctorie pentru ochi, ca să-ți ungi ochii și să vezi" (versetul 18).

În timp ce trăim după Cuvântul lui Dumnezeu prin credință, ajungem treptat să auzim vocea Duhului Sfânt. Ajungem să cunoaștem ce este adevărul și ce este păcatul. Când ajungem să percepem lucrurile din punct de vedere spiritual, atunci înseamnă că avem ochii spirituali deschiși.

Cu ochii spirituali deschiși putem înțelege Cuvântul lui Dumnezeu, putem avea credință pentru Cer, putem să ne regăsim după Cuvânt și să ne transformăm după adevăr.

„A avea ochii spirituali deschiși" poate însemna a putea vedea lumea spirituală prin ochii spirituali. Însă, cel mai important lucru este să înțelegem voia lui Dumnezeu prin ascultarea de Cuvântul Lui și să ne schimbăm potrivit adevărului prin înțelegerea pe care o primim.

Dacă un om are ochii spirituali deschiși, Îl cunoaște pe Dumnezeu și voia Lui, nu se va împrieteni cu lumea ci se va strădui să-și vadă întunericul conform Cuvântului și să se schimbe în adevăr.

Un astfel de om este unul care trăiește în lumină. El va avea o părtășie adâncă cu Dumnezeu și va fi iubit de Dumnezeu cu atât mai mult.

Dragostea lui Dumnezeu arătată și prin pedepse

Biserica din Laodicea a primit un îndemn și o mustrare serioasă din partea Domnului. Apoi, Domnul i-a îndemnat să nu rămână la un nivel nepotrivit de credință, spunând: „Eu mustru și pedepsesc pe toți aceia pe care-i iubesc. Fii plin de râvnă, dar, și pocăiește-te!" (versetul 19)

Aceasta ne arată motivul și scopul mustrării Domnului. El mustră pentru că iubește, iar scopul pentru care îi mustră este ca ei să se pocăiască și să fie plini de râvnă (Evrei 12: 6-8).

Când copiii merg pe o cale greșită, dacă îi iubesc, părinții vor încerca să îi corijeze, chiar cu nuiaua. Dacă acel copil nu ascultă de sfatul părinților, aceștia pot ajunge să îl pedepsească astfel încât copilul să nu uite și să țină minte. Dacă părinții se gândesc la durerea pe care o va simți copilul dacă îl pedepsesc și ajung să nu-l pedepsească, nu putem spune că își iubesc cu adevărat copilul.

Găsim în Biblie un astfel de om. Este vorba de preotul Eli din timpul judecătorilor în Israel. Fii lui făceau ce este rău și pângăreau templul lui Dumnezeu. Ca preot, Eli le-a spus doar să nu mai facă ce este rău dar nu i-a pedepsit.

Fii lui Eli au continuat să facă răul, iar în final pedeapsa lui Dumnezeu a venit peste ei. Cei doi fii au murit în bătălie, iar preotul Eli a fost atât de șocat de veste încât a căzut de pe scaun, și a rupt gâtul și a murit.

Motivul pentru care Dumnezeu permite să se abată pedepse asupra copiilor Lui este pentru că îi iubește. Dacă nu este nicio mustrare sau pedeapsă chiar și după ce copilul păcătuiește, acel copil nu își va da seama că face rău. Copilul va ajunge să facă păcate mai mari, iar în final va merge pe calea morții, după legea lumii spirituale care spune că „Plata păcatului este moartea". Trebuie să simțim o astfel de dragoste a lui Dumnezeu Tatăl în inima noastră. Dacă putem vedea dragostea lui Dumnezeu și în pedepse, ne vom putea pocăi, întoarce și schimba.

Pe de altă parte, dacă nu ne dăm seama după câteva pedepse, pedeapsa lui Dumnezeu nu va mai avea sens. De aceea, nu vom mai primi pedepse nici dacă mai păcătuim ulterior. Dacă un credincios este prosper și nu primește pedepse nici când nu trăiește după Cuvânt și păcătuiește, înseamnă că Dumnezeu și-a întors fața de la El. Este cea mai nefastă situație.

Dacă este un copil al lui Dumnezeu, plin de dragoste, și ajunge să meargă pe o cale greșită, Dumnezeu nu-l va lăsa să facă ce vrea ca pe un copil ilegitim ci îl va pedepsi. Acest lucru este mai degrabă o binecuvântare pentru copilul care este pedepsit. La momentul respectiv, pedeapsa poate fi de temut și intimidantă, dar dacă se întreabă: „Unde aș fi ajuns fără această pedeapsă?", va putea simți și va putea înțelege dragostea lui Dumnezeu Tatăl manifestată prin pedeapsă.

Aceasta nu înseamnă că trebuie să primim o pedeapsă ori de câte ori facem ceva rău. Înainte ca Dumnezeu să pedepsească, El oferă multe șanse. El ne conștientizează prin Cuvânt, ne previne sau ne mustră ca noi să ne putem pocăi.

Dacă ne vedem greșeala repede, va fi bine. Dacă nu o vedem și ajungem să primim pedeapsă, tot ar trebui să înțelegem că face parte din dragostea lui Dumnezeu, să ne pocăim din adâncul inimii și să ne întoarcem. Apoi trebuie să revenim la relația cu Dumnezeu bazată pe încredere și să începem din nou să strângem răsplată pentru Cer.

Promisiunea Domnului pentru biserica din Laodicea

Iată Eu stau la uşă şi bat. Dacă aude cineva glasul Meu şi deschide uşa, voi intra la el, voi cina cu el, şi el cu Mine. Celui ce va birui îi voi da să şadă cu Mine pe scaunul Meu de domnie, după cum şi Eu am biruit şi am şezut cu Tatăl Meu pe scaunul Lui de domnie. „Cine are urechi să asculte ce zice bisericilor Duhul." (Apocalipsa 3:20-22)

Dintre cele şapte biserici, cea din Laodicea a fost biserica care a primit numai mustrare din partea Domnului, dar şi aceasta a fost prin dragostea lui Dumnezeu. Prin urmare, Domnul le-a dat o promisiune şi le-a inspirat nădejde.

Oamenii din această biserică erau într-o adormire spirituală și aveau o credință căldicică. Astfel, Domnul le-a cerut să se trezească și să-I audă vocea. A promis că cel ce va birui va ședea pe scanul Său de domnie.

Deschideți-vă inima și trăiți prin adevăr

Există o pictură de William Holman Hunt care Îl ilustrează pe Domnul cum bate la ușă din afară. În această pictură, nu apare nici clanță, nici încuietoare la ușă pentru a o deschide.

Aceasta înseamnă că se poate deschide doar din interior când Domnul bate la ușă. Simbolizează faptul că Domnul bate la ușa inimii noastre.

Tot astfel, Domnul a spus celor din biserica din Laodicea: „Iată Eu stau la ușă și bat. Dacă aude cineva glasul Meu și deschide ușa, voi intra la el, voi cina cu el, și el cu Mine" (versetul 20).

În primul rând, „Eu stau la ușă și bat" înseamnă că Domnul bate la ușa inimii cu Cuvântul adevărului. După ce auzim Cuvântul lui Dumnezeu, trebuie să-l păstrăm în inimă. Pentru a face aceasta, Cuvântul trebuie să intre pe ușa gândurilor noastre, iar apoi să intre pe ușa inimii noastre.

Odată ce Cuvântul pătrunde în inima noastră în acest fel, putem trăi încetul cu încetul prin Cuvânt. Aceasta înseamnă „a mânca și a bea cu Domnul". Însă, chiar dacă ne-am deschis ușa gândurilor noastre și am acceptat Cuvântul, dacă ușa inimii nu este deschisă, Cuvântul va rămâne doar la nivel de cunoștințe în mintea noastră.

Aceasta este ceea ce numim credința doar la nivelul minții. Este o credință moartă care nu este însoțită de fapte. Cei care au acest fel de credință vor ajunge cu timpul să aibă o credință căldicică. Chiar dacă au dus o viață de credință o perioadă lungă de timp și au auzit de multe ori Cuvântul, din moment ce nu au cultivat Cuvântul în inima lor, nu pot avea credință spirituală, adică credința de a fi încredințați în adâncul inimii lor. Devin doar oameni care merg la biserică.

Chiar dacă Domnul este atotputernic, El nu forțează pe nimeni să-și deschidă ușa inimii. Dacă Dumnezeu ar forța o persoană să-și deschidă ușa inimii și l-ar face să aibă credință spirituală, ar mai fi cineva în lume care să rămână nemântuit? Nu ar mai fi vorba de cultivare umană prin dreptate.

Dumnezeu dă fiecăruia voință liberă. Își dorește copii adevărați care cred în El și Îl iubesc din adâncul inimii de bună voie. De aceea, trebuie să înțelegem că, deși Domnul bate la ușa minții și inimii noastre, noi suntem cei care trebuie să deschidem ușa.

Dacă Îl iubim pe Dumnezeu cu adevărat, vom deschide ușa inimii, vom cina cu Domnul și vom trăi prin Cuvântul adevărului.

Binecuvântarea de a ședea cu Domnul pe scaunul de domnie

Dacă deschidem ușa inimii, primim Cuvântul adevărului, mâncăm și bem împreună cu Domnul prin faptul că punem în aplicare Cuvântul, atunci vom birui această lume și pe dușmanul diavolul.

Unor astfel de oameni, Domnul le spune: „Celui ce va birui îi voi da să șadă cu Mine pe scaunul Meu de domnie, după cum și Eu am biruit și am șezut cu Tatăl Meu pe scaunul Lui de domnie" (versetul 21). Asemenea Domnului, care a învins puterea morții și S-a așezat la dreapta lui Dumnezeu, și cei care biruiesc vor ședea pe tronul mântuirii.

În pofida faptului că Domnul a mustrat biserica din Laodicea pentru credința lor căldicică, la sfârșit le-a spus că ușa mântuirii rămâne încă deschisă dacă se pocăiesc și se întorc de pe calea lor. Până când ușa mântuirii nu este închisă complet, mai rămâne o șansă. De aceea, Domnul le vorbește în acest fel cu o dorință arzătoare.

Trebuie să ieșim biruitori și să continuăm în biruință până la capăt. Este nevoie să mergem statornic pe calea îngustă pe care a umblat Isus cu bucurie, recunoștință, mulțumire și dragoste până la sfârșit. Doar atunci putem sta cu Domnul și ne putem bucura de slavă împreună cu El în ziua de pe urmă.

Sunt însă oameni care par a fi biruitori până la un punct, dar apoi renunță la jumătatea drumului și astfel nu pot participa în binecuvântare și în slavă.

Haideți să ne verificăm credința prin cuvântul pe care Domnul l-a dat bisericii din Laodicea. Dacă avem credință căldicică, haideți să ne pocăim imediat și să ne întoarcem. Haideți să facem parte din rândurile celor care au fost biruitori până la sfârșit, sau și mai bine, să stăm aproape de tronul Domnului prin faptul că năvălim spre un loc mai bun în Împărăția lui Dumnezeu.

Concluzie

DRAGOSTEA LUI DUMNEZEU DESCOPERITĂ ÎN MESAJELE CĂTRE CELE ŞAPTE BISERICI

Şi iată, Eu vin curând! - Ferice de cel ce păzeşte cuvintele prorociei din cartea aceasta! (Apocalipsa 22:7)

Simţul de orientare al oamenilor nu este perfect, iar piloţii avioanelor de luptă pot experimenta dezorientare spaţială care poate duce la tot felul de accidente.

Aceasta se întâmplă mai ales deasupra mării, când pilotul roteşte avionul de câteva ori şi nu îşi mai dă seama care este marea şi care este cerul. În altă situaţie, după ce zboară vertical la viteză ridicată şi dintr-o dată reduce viteza, avionul de luptă continuă să zboare la înălţime însă pilotul are senzaţia că se prăbuşeşte.

Pentru a nu se dezorienta în spaţiu, piloţii se bazează pe

instrumente şi repere. Ei trebuie să estimeze viteza şi direcţia pe baza instrumentelor, nu pe baza simţului lor de orientare.

Este la fel şi în ce priveşte credinţa noastră. Gândurile oamenilor, ca fiinţe create, şi gândurile lui Dumnezeu, Creatorul, sunt foarte diferite. Prin urmare, dacă ne trăim viaţa în Christos după cum vrem, putem deveni dezorientaţi. Aşa a fost cazul celor mai multe dintre cele şapte biserici din Apocalipsa.

Fiecare biserică avea o anumită râvnă şi oamenii credeau că fac lucrarea lui Dumnezeu. Însă, unele biserici au primit o mustrare, iar altele au primit îndemnuri din partea Domnului.

În zilele de azi, multe biserici spun că se închină Domnului, că se roagă lui Dumnezeu şi că Îl iubesc, dar de fapt câte din ele sunt cu adevărat plăcute înaintea lui Dumnezeu? Mesajele pentru cele şapte biserici sunt un etalon bun de a ne verifica credinţa.

Ni se spune care biserică a fost lăudată şi apreciată şi care biserică a fost mustrată. Astfel, ne putem da seama ce fel de biserică frecventăm.

Mai mult, trebuie să verificăm dacă şi noi ar trebui să fim mustraţi după cum au fost mustrate unele biserici. Dacă suntem cercetaţi în legătură cu ceva, nu trebuie să ezităm, ci să ne pocăim, să ne întoarcem ca să trăim după Cuvânt.

Mai presus de toate, trebuie să observăm că mesajele pentru cele șapte biserici au fost scrise în cartea Apocalipsa cu scopul de a trezi bisericile care sunt adormite spiritual în vremurile din urmă. În dragostea Lui, Dumnezeu dorește ca ele să fie pregătite pentru a doua venire a Domnului.

Deși Domnul ne-a arătat cu claritate prin mesajul dat celor șapte biserici modul prin care putem să primim laude de la El, dacă nu ascultăm, nu ne ajută la nimic.

Vremea în care Domnul, care a înviat și S-a ridicat la Cer, vine înapoi este aproape. La sfârșit, bisericile și pastorii care le reprezintă vor fi judecați cu strictețe. Mă rog în numele Domnului ca toți cititorii să înțeleagă acest lucru și să devină biserici și pastori pe care Dumnezeu îi laudă.

Autorul :
Dr. Jaerock Lee

Dr. Jaerock Lee s-a născut în anul 1943 în Muan, provincia Jeonnam din Republica Coreea. În jurul vârstei de douăzeci de ani, s-a îmbolnăvit de nenumărate boli incurabile din cauza cărora a suferit timp de șapte ani și își aștepta moartea fără speranța vindecării. Însă, într-o zi din primăvara anului 1974, condus fiind de sora sa la o biserică, în momentul în care a îngenunchiat să se roage, Dumnezeul cel Viu l-a vindecat instantaneu de toate bolile.

Din momentul în care dr. Lee L-a întâlnit pe Dumnezeul cel Viu prin acea experiență minunată, L a iubit din toată inima și cu toată sinceritatea, iar în anul 1978 a fost chemat să fie un slujitor al lui Dumnezeu. S-a rugat stăruitor și a postit ca să înțeleagă voia lui Dumnezeu cu claritate, să o împlinească pe deplin și să asculte de Cuvântul lui Dumnezeu. În anul 1982, a fondat Biserica Centrală Manmin în Seul, Coreea de Sud, biserică în care au avut loc nenumărate lucrări ale lui Dumnezeu, inclusiv vindecări miraculoase și minuni.

În 1986, dr. Lee a fost ordinat ca pastor în cadrul întâlnirii anuale a bisericii „Jesus' Sungkyul Church of Korea", iar patru ani mai târziu, în 1990, predicile sale au început să fie transmise în Australia, Rusia, Filipine și în multe alte țări de către Far East Broadcasting Company, Asia Broadcast Station și Washington Christian Radio System.

Trei ani mai târziu, în 1993, Biserica Centrală Manmin a fost selecționată printre „Primele 50 de biserici din lume" de către revista Christian World (din S.U.A.), iar pastorul Jaerock Lee a primit din partea colegiului Christian Faith College, Florida, S.U.A. titlul de Doctor Onorific în Divinitate. În 1996 termină doctoratul în domeniul slujirii creștine la Kingsway Theological Seminary, statul Iowa, din S.U.A.

Începând din anul 1993, dr. Lee a preluat un loc de conducere în misiunea mondială prin nenumărate campanii de evanghelizare ținute peste hotare în Tanzania, Argentina, în S.U.A în orașele: Los Angeles, Baltimore, New York, în statul Hawaii, în Uganda, Japonia, Pakistan, Kenya, Filipine, Honduras, India, Rusia, Germania, Peru, Republica Democrată Congo, Israel și în Estonia. În anul 2002 a fost numit „pastor internațional" de către publicații creștine cunoscute în Coreea datorită implicării sale în multe Campanii Unite internaționale.

În septembrie 2010, numărul membrilor Bisericii Centrale Manmin era de peste 100.000. Biserica are 9.000 de filiale atât în țară cât și peste tot în lume și are peste 132 de misionari trimiși în 23 de țări, inclusiv S.U.A, Rusia, Germania, Canada, Japonia, China, Franța, India, Kenya și în multe alte țări.

Până la data publicării acestei cărți, dr. Lee a scris 60 de cărți, inclusiv cărțile de mare succes Gustând viața veșnică înainte de moarte, Viața mea, credința mea - volumele I și II, Mesajul crucii, Măsura credinței, Cerul - volumele I și II, Iadul, și Puterea lui Dumnezeu. Scrierile sale au fost traduse în peste 44 de limbi.

Articolele sale creștine apar în publicațiile Hankook Ilbo, JoongAng Daily, The Dong-A Ilbo, The Munhwa Ilbo, The Seoul Shinmun, The Kyunghyang Shinmun, The Hankyoreh Shinmun, The Korea Economic Daily, The Korea Herald, The Shisa News și The Christian Press.

Dr. Lee deține în prezent funcții de conducere în cadrul mai multor organizații și asociații misionare printre care amintim: președinte al consiliului bisericii United Holiness Church of Christ; președinte al Misiunii Mondiale Manmin (Manmin World Mission); președinte permanent al asociației World Christianity Revival Mission Association; fondatorul Manmin TV; fondatorul și președintele consiliului de conducere al rețelei Global Christian Network (GCN); fondatorul și președintele consiliului director al rețelei World Christian Doctors Network (WCDN) și al Seminarului Internațional Manmin (Manmin International Seminary -MIS).

www.ingramcontent.com/pod-product-compliance
Lightning Source LLC
LaVergne TN
LVHW021800060526
838201LV00058B/3171